AF555828

MADAGASCAR ET DÉPENDANCES

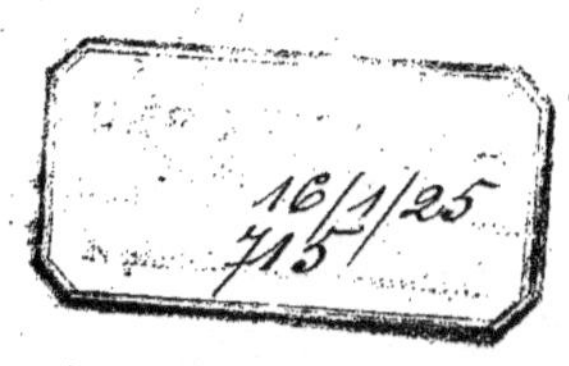

TEXTES

concernant les Patentes et Impôts perçus dans la Colonie

TANANARIVE
IMPRIMERIE OFFICIELLE
—
1925

ARRÊTÉ SUR LES PATENTES

Le Gouverneur Général de Madagascar et Dépendances, officier de la Légion d'honneur,

Vu les décrets des 11 décembre 1895 et 30 juillet 1897 ;

Vu le décret du 20 juillet 1897 fixant le régime des mines autres que l'or, les métaux précieux et les pierres précieuses et les arrêtés locaux pris pour l'application de ce décret ;

Vu le décret du 19 juillet 1923, portant réglementation de la recherche et de l'exploitation de l'or, des métaux précieux et pierres précieuses à Madagascar, et les arrêtés locaux pris pour l'application de ce décret ;

Vu le décret du 4 octobre 1909 réglementant dans la colonie de Madagascar la fabrication, la vente et le transport de la betsabetsa ;

Vu les arrêtés du gouverneur de Mayotte et dépendances en date des 1er décembre 1906, 23 janvier 1911 et 23 juin 1911 ;

Vu la loi du 25 juillet 1912 et le décret du 23 février 1914 portant rattachement des îles Mayotte, d'Anjouan, de Mohéli et de la Grande-Comore au Gouvernement Général ;

Vu le décret du 17 janvier 1920 réglementant la vente des boissons alcooliques ou hygiéniques et fixant les licences applicables au commerce de ces boissons dans la Colonie ;

Vu l'arrêté du 30 octobre 1909 sur les patentes ;

Vu les arrêtés des 21 janvier 1911, 8 avril 1911, 10 juin 1911, 30 août 1911, 13 janvier 1912, 31 décembre 1912, 28 février 1913, 27 novembre 1915, 11 juin et 5 décembre 1917, 4 novembre 1919, 25 avril 1921, 8 janvier 1923, complétant ou modifiant l'arrêté du 30 octobre 1909 ;

Vu le décret du 3 août 1923 réglant les conditions d'établissement des étrangers à Madagascar ;

Vu le décret du 17 août 1923 précisant la situation des immigrants d'origine asiatique et africaine au point de vue groupement, régime commercial et taxes fiscales ;

Vu l'arrêté du 24 octobre 1923 modifié par l'arrêté du 31 décembre 1924 fixant le mode d'assiette, la quotité et les règles de perception du droit supplémentaire à la patente prévu par le décret ci-dessus ;

Vu l'avis formulé par les Délégations économiques et financières ;

Le conseil d'administration entendu ;

Vu le câblogramme ministériel n° 614 du 30 décembre 1924 portant approbation du présent texte,

Arrête :

TITRE Ier

Application des patentes ; caractère général

Art. 1er. — Tout individu, français, étranger ou indigène, exerçant à Madagascar ou dans ses dépendances une profession libérale, un métier, une industrie ou un commerce non compris dans les exceptions prévues par le présent arrêté, est assujetti à la contribution des patentes.

Tout titulaire d'un ou de plusieurs marchés administratifs, d'entreprise ou de fournitures, tant pour l'administration civile que militaire, sera soumis d'office à la taxe fixée pour le commerce, l'industrie ou la profession la plus imposée, en cas de cumul de plusieurs contrats simultanés ou successifs.

Les patentés employant à quelque titre que ce soit pour le commerce, industrie ou profession un immigrant d'origine asiatique ou africaine assujetti aux règles du décret du 17 août 1923 sont soumis au droit supplémentaire dans les conditions prévues par les arrêtés des 24 octobre 1923 et 31 décembre 1924.

Toutefois, les patentés européens et assimilés qui feront la preuve que l'immigrant qu'ils occupent est exclusivement occupé à titre de domestique seront exemptés du paiement du droit supplémentaire.

Ces dispositions ne sont pas applicables aux cultivateurs, laboureurs et éleveurs ne fournissant que leurs produits. Toutefois, les adjudicataires ou concessionnaires exploitant des forêts appartenant au domaine de la Colonie sont astreints à la patente de marchand de bois dans les conditions indiquées au tableau B annexé, à l'exception de ceux ne vendant pas les produits de leurs exploitations.

Art. 2. — *Caractère personnel.* — La patente est personnelle. Elle ne peut servir qu'à celui à qui elle est délivrée.

Lorsqu'il s'agit d'une succursale ou maison d'achat de produits locaux employant un certain nombre de collecteurs ou d'acheteurs ambulants, la patente est établie au nom du patron de l'établissement principal ; cependant le nom du représentant doit être inscrit sous celui de l'employeur avec indication de sa qualité : agent, représentant, mandataire, etc.

Néanmoins, la patente délivrée à une société en nom collectif régulièrement constituée sert dans les limites réglementaires, à tous les membres agissant au nom de la société.

Art. 3. — *Conjoints même séparés de biens.* — Le mari et la femme, même séparés, ne doivent que la patente qui serait due par un patentable unique exerçant les mêmes professions, à moins qu'ils n'aient des établissements distincts, auquel cas chacun d'eux doit payer intégralement la taxe afférente à sa profession respective.

Art. 4. — *Règles de fixation.* — La contribution des patentes consiste en un droit fixe réglé par la nature du commerce, de l'industrie ou de la profession, d'après la population de la localité où l'on exerce et en un droit proportionnel établi sur la valeur locative des locaux professionnels dans les conditions fixées au titre VI ci-après.

Le droit fixe est établi d'après le classement et les tarifs déterminés par les tableaux A et B, sauf pour les professions visées au titre III « dispositions particulières » du présent arrêté.

Art. 5. — *Cas non prévus aux tarifs.* — Les autres commerces, industries ou professions non visés dans le texte du présent arrêté ou non dénommés au tableau B n'en sont pas moins soumis à la patente. Celle-ci est alors fixée par analogie, d'après les similaires déjà taxés.

A la fin de chaque année, des listes modificatives ou additionnelles au tableau B sont, s'il y a lieu soumises à l'approbation du Gouverneur Général, en conseil d'administration.

Art. 6. — La patente d'établissement est valable dans toute l'étendue du territoire urbain et suburbain pour les communes et dans les limites du faritany ou canton pour les autres localités.

Les patentes délivrées aux collecteurs, marchands et acheteurs ambulants donnent le droit aux titulaires d'opérer dans toute l'étendue de la province où aura été délivré la patente et d'une province limitrophe de la précédente au choix du patentable. Le choix de la province limitrophe devra être fait au moment de l'inscription au rôle et, en tout cas, être mentionné sur la formule de patente. Le rayon d'action de cette patente ne pourra être modifié en cours d'année. Elle ne dispense pas les patentés, qui en seront titulaires, du paiement des droits de place sur les marchés, chaque fois qu'ils y effectueront leurs opérations.

TITRE II

Mode de perception des patentes

Art. 7. — Les professions imposables sont divisées en trois catégories :

1° Professions libérales,

2° Métiers et industries,

3° Commerce.

Les professions appartenant à des catégories différentes ne peuvent se cumuler entre elles dans le même établissement, exception faite pour les commerces qui sont la conséquence normale de la profession exercée.

Les professions libérales ne peuvent se cumuler dans le même établissement sauf exceptions insérées au tableau B.

Les métiers ou industries ne peuvent se cumuler dans le même établissement sauf exceptions insérées au tableau B.

Les commerces peuvent se cumuler dans le même établissement sauf exceptions insérées au tableau B.

En cas de cumul autorisé, un seul droit est dû pour la profession la plus imposée.

Hors les cas de cumul prévus au présent texte et qui entraînent seulement le paiement du droit afférent à la profession la plus imposée, l'exercice de plusieurs professions, métiers, industries ou commerces non cumulables dans le même établissement donne lieu aux impositions ci-après en partant des patentes les plus élevées :

1re imposition,	droit entier.
2e —	réduction d'un quart.
3e —	réduction de moitié.
4e —	réduction des trois quarts.

Impositions suivantes, exemption totale.

Toutefois, les patentes ci-après sont toujours décomptées séparément au droit entier sans entrer dans le calcul des réductions : avocat-défenseur, commerçant en boissons alcooliques et hygiéniques de toutes classes, entrepreneur de transports terrestres, maritimes ou fluviaux, pharmacien, médecin, chirurgien, vétérinaire, dentiste, marchand de bestiaux, marchand ambulant, colporteur, banquier, marchand ou courtier en or, marchand ou courtier en pierres précieuses, commissaire-priseur, collecteur de produits locaux.

Art. 8. — *Succursales.* — Il n'est fait aucune distinction en ce qui concerne les patentes, entre l'établissement principal du patenté et les succursales. La patente entière est due pour chaque établissement distinct.

Art. 9. — *Patentes de société.* — Les sociétés ou compagnies quelconques ayant pour objet une entreprise commerciale ou industrielle doivent payer un droit pour chacun de leurs établissements dans les conditions prévues par le présent arrêté.

La patente de la collectivité ne dispense aucun des sociétaires ou actionnaires du paiement de la taxe à laquelle il pourrait être assujetti pour l'exercice d'un commerce, d'une industrie ou d'une profession particulière. Cette disposition est d'ailleurs applicable aux employés, représentants et gérants et correspondants de maison de commerce ou d'industrie quelconque.

Ne peuvent se dire gérants, représentants ou correspondants que les personnes munies d'une procuration régulière (générale ou limitée).

Art. 10. — *Coopératives et économats.* — Les sociétés coopératives de consommation et les économats, lorsqu'ils possèdent des établissements, boutiques ou magasins pour la vente ou la livraison des denrées, produits ou marchandises, sont passibles des droits de patente au même titre que les sociétés ou particuliers possédant des établissements, boutiques ou magasins similaires.

Toutefois, les syndicats agricoles et les sociétés coopératives de consommation, qui se bornent à grouper les commandes de leurs adhérents et à distribuer dans leurs magasins de dépôt les denrées, produits ou marchandises qui ont fait l'objet de ces commandes, ne sont pas soumis à la patente.

Art. 11. — *Définition des divers genres de commerce.* — Les marchands en gros sont ceux qui vendent principalement à d'autres marchands.

Les marchands en demi gros sont ceux qui vendent aux détaillants, aux artisans achetant des matières ou des marchandises pour les employer dans leur fabrication ou leur industrie et aux consommateurs achetant en une seule fois une quantité de même marchandise dont l'importance, soit par le poids, le volume, le métrage ou le nombre ne saurait être considéré comme du détail.

Les marchands au détail sont ceux qui ne vendent qu'aux consommateurs et par petite quantité à la fois d'une même marchandise.

En ce qui concerne le commerce des boissons sont qualifiés :

Marchands en gros : ceux qui vendent des boissons alcooliques ou hygiéniques à emporter par quantité égales ou supérieures à 11 litres ou 11 bouteilles d'une contenance de 75 centilitres d'une même boisson et au-dessus, ou qui possèdent un magasin central servant à alimenter leurs divers débits.

Marchands en détail : ceux qui débitent ou vendent des boissons alcooliques ou hygiéniques par quantités inférieures à 11 litres ou 11 bouteilles d'une contenance de 75 centilitres à 1 litre, à consommer sur place ou à emporter.

Est assimilé à la vente au détail, l'échange ou le troc de boissons alcooliques contre les marchandises ou produits quelconques.

TITRE III

Dispositions particulières

Art. 12. — *Établissements de crédit.* — Les établissements de crédit sont rangés en deux catégories :

1° Les banques ayant leur siège social hors de la Colonie, sont soumises à une patente de 2.700 francs.

2° Les banques locales ayant leur siège social dans la Colonie sont soumises à une patente de 2.160 francs.

L'une ou l'autre de ces patentes est due par chaque succursale ou agence dans la Colonie ; elles sont toujours décomptées séparément au droit entier sans entrer dans le calcul des réductions. Les correspondants de banque seront assujettis à une patente de 450 francs.

Art. 13. — *Commissionnaires, courtiers et marchands en or* (1). — Les commissionnaires, courtiers et marchands en or sont assujettis à une patente de 2.160 francs.

Art. 14. — *Commissionnaires, courtiers et marchands en pierres précieuses* (1). — Les commissionnaires, courtiers et marchands en pierres précieuses sont assujettis à une patente de 660 francs.

Les patentes des articles 12, 13 et 14 sont toujours décomptées séparément au droit entier, sans entrer dans le calcul des réductions.

Art. 15. — *Camps aurifères et chantiers de travaux publics.* — Les patentes auxquelles sont assujetties les professions exercées sur les camps d'or ou « toby » ou sur les chantiers de travaux publics sont uniformément calculées aux taux prévus pour la 6ᵉ catégorie de population, quels que soient le nombre d'habitants des villages environnants

Art. 16. — *Entreprises générales.* — Les entrepreneurs généraux de travaux sont divisés en trois catégories :

1° Ceux qui entreprennent des travaux dans toute l'étendue de la Colonie. Ils sont, dans ce cas, soumis pour cette profession à une patente unique de 2.160 francs, à la condition de n'avoir qu'un seul établissement fixe (en dehors des chantiers) ; dans les cas contraires, la patente de 2.160 francs étant appliquée à l'établissement fixe principal, les autres établissements seront taxés ainsi qu'il est prévu par la catégorie ci-après ;

2° Ceux qui entreprennent des travaux dans une ou plusieurs provinces. Ils sont assujettis à la patente de 2ᵉ classe dans chaque province où ils opèrent et selon la catégorie de population du chef-lieu de la province avec le maximum de 2.160 francs prévu ci-dessus ; ce maximum ne sera toutefois admis qu'à la condition de n'avoir qu'un seul établissement fixe (en dehors des chantiers), sans quoi il sera fait application des dispositions prévues au paragraphe précédent ;

3° Les petits entrepreneurs, ou tâcherons exécutant des travaux sans fournir de matériaux. Ils doivent une patente de 4ᵉ classe basée sur la catégorie de population du chef-lieu de la province, à la condition de n'avoir qu'un seul établissement fixe ; s'ils ont plusieurs établissements, ils sont soumis à la patente pour chaque établissement par application des dispositions de l'article 8.

Art. 17. — *Entreprises de transports terrestres.* — Les compagnies et les particuliers effectuant, pour le compte d'autrui, des transports terrestres, sont soumis, quel que soit le nombre de leurs succursales, à une patente unique fixée à 6 francs par véhicule à traction humaine ou animale.

Tout véhicule mécanique est taxé à raison de 3 francs par cheval-force.

Art. 18. — *Entreprises de transports maritimes ou fluviaux.* — La navigation au petit cabotage ou au bornage est exempte de toute patente.

Cette exemption ne s'étend pas aux entreprises de batelage.

Tout propriétaire d'une seule embarcation ou pirogue pouvant transporter de 1 à 3 tonnes de marchandises, soit pour son compte, soit pour celui d'autrui est soumis à un droit fixe de 4 fr. 20.

Les embarcations ou pirogue d'un tonnage de moins d'une tonne sont exemptées d'impôt.

Les compagnies de navigation, les entreprises de batelage et les armateurs ou propriétaires d'une embarcation ou pirogue de plus de 3 tonneaux de jauge nette ou de plusieurs navires ou embarcations effectuant habituellement ou accidentellement des transports pour leur compte ou celui d'autrui, sont astreints dans l'île entière et ses dépendances (sauf pour les passages des cours d'eau), au paiement d'une seule patente quel que soit le nombre de leurs agences ou succursales. Cette patente est fixée à raison de 4 fr. 20 par tonneau de jauge nette, avec minimum de 21 francs pour l'ensemble des navires et embarcations concourant à l'entreprise dans la Colonie ou ses dépendances.

Le même patentable ne peut payer, pour l'ensemble de ses navires ou embarcations, une somme supérieure à 2.160 francs.

Toutefois, sont considérés comme exploitant une entreprise de batelage distincte et soumise à une deuxième patente calculée sur les bases indiquées ci-dessus, les compagnies de navigation ou leurs agents ou correspondants possédant un service de batelage qui n'assureraient pas exclusivement, en rade, les transports de passagers ou de marchandises de leurs navires à quai ou réciproquement (1).

Art. 19. — *Industries quelconques non prévues au tableau B et employant une force mécanique (chutes d'eau, machine à vapeur, électricité, etc).* — Quelle que soit leur situation :

Par cheval de force........ 1 fr. 70
avec minimum de......... 96 »
et maximum de............ 1.800 » (2)

Art. 20 — *Marchands de passage.* — Tout individu, matelot, capitaine de navire, cambusier, maître d'hôtel ou autre, de passage dans un port ou une localité, ne pourra y vendre des marchandises soit à terre, soit à bord, qu'après s'être muni, pour un trimestre au moins d'une patente calculée d'après celle assignée aux commerçants similaires de la localité.

Si la vente dépasse un trimestre, la patente sera due pour toute l'année en cours.

Art. 21. — *Troupes indigènes de danseurs et chanteurs ambulants.* — Les troupes indigènes de danseurs et chanteurs ambulants sont imposées à un droit fixe de 15 francs par membre, abstraction faite de la population des localités.

Art. 22. — *Fabricants et marchands de betsabetsa.* — Les fabricants et marchands de betsabetsa sont soumis aux règles établies par le décret du 4 octobre 1909 réglementant la fabrication, la vente et le transport de ce produit (patente de 500 francs par moulin).

Art. 23. — *Marchands de bestiaux.* — Tout individu qui n'est pas éleveur ou agriculteur et qui achète généralement des bœufs, porcs et moutons pour être revendus est réputé marchands de bestiaux. A ce titre, il est assujetti à une patente dont il doit justifier du paiement intégral au moment où il effectue ses achats.

Sont considérés, comme marchands de bestiaux en gros et assujettis comme tels à une patente de 900 francs les commerçants de l'espèce, pour qui, dans une ou plusieurs transactions avec un même client, l'achat ou la vente, portera sur plus de 50 bœufs ou porcs :

En demi gros et assujettis à une patente de 600 francs lorsque dans les même conditions que ci-dessus, l'achat ou la vente portera sur un nombre de 5 à 50 bœufs ou porcs ;

Au détail et assujettis à une patente de 175 francs lorsque dans les mêmes conditions que ci-dessus l'achat ou la vente se rapportera à un nombre de moins de 5 bœufs ou porcs.

Le montant des patentes de marchands de moutons est fixé au tableau B.

Art. 24. — *Vanille.* — Celui qui prépare à façon la récolte des planteurs de vanille est astreint à une patente de 60 francs.

Celui qui achète les récoltes de vanille, qu'il soit lui-même planteur ou non, paie une patente suivant les tarifs ci-dessous selon que ses achats ou ventes portent sur de la vanille verte ou de la vanille préparée.

Vanille verte.................. 400 francs
Vanille préparée.............. 1.500 —

(1) Sont réputés commerçants, au titre du décr et du 19 juillet 1923 les personnes, commissionnaires, sociétés ou banques qui achètent ou reçoivent, d'une manière répétée, d'un ou de divers producteurs ou d'autres commerçants, des matières minérales à l'état brut, provenant du sol de la Colonie et qui en font ensuite directement ou indirectement la vente. Toutefois, ne seront pas réputés tels les banques qui font à des producteurs des avances sur les matières précieuses qui leur sont confiées et qui réalisent ensuite en France ces mêmes matières aux risques et périls du client.

(1) Voir circulaire du 12 février 1912 et décret du 30 avril 1914 (*J. O.* 24 juin 1914).

(2) S'applique seulement aux industries non prévues au tableau B dont les produits ne sont pas vendus (travail à façon).

ART. 25. — Le commerce de farines et cossettes de manioc, de bananes, des fécules ou tapiocas est imposé comme suit :

Farines et cossettes de manioc, de bananes, etc.

Vente annuelle de :

1.000 tonnes et au-dessus.....	1.000 francs
500 tonnes à 999 tonnes.......	500 —
250 à 499 tonnes..............	350 —
100 à 249 tonnes..............	150 —
99 tonnes et au-dessous......	100 —

Fécules et tapiocas

Vente annuelle de :

1.000 tonnes et au-dessus.....	1.250 francs
500 — à 999..........	1.000 —
250 — à 499..........	500 —
100 — à 249..........	350 —
99 tonnes et au-dessous...	150 —

ART. 26. — *Industrie et commerce de graphite.* — L'industrie et le commerce de graphite, s'ils sont exercés par des personnes autres que les exploitants, sont imposés comme suit :

Vente annuelle de :

1.000 tonnes et au-dessus.....	1.500 francs
500 — à 999 tonnes....	1.200 —
250 — à 499..........	600 —
100 — à 249..........	300 —
99 tonnes et au-dessous....	120 — (1)

ART. 27. — Le commerce des produits locaux d'exportation ci-après : riz, pois du Cap, maïs, haricots, raphia est imposé comme suit, abstraction faite de la nature de la clientèle.

Acheteurs pour l'exportation non revendeurs..............	1.500 francs
Acheteurs revendant sur place	500 —

ART. 28. — *Clous et griffes de girofle* :

Acheteurs pour l'exportation non revendeurs..............	1.500 francs
Acheteurs revendant sur place	500 —

ART. 29. — *Hôtels (annexes ou dépendances d') comportant des chambres garnies. Loueurs de chambres et appartements meublés* — Les annexes ou dépendances d'hôtels comportant des chambres garnies sont imposables à la 5e classe des patentes, mais seulement six mois après leur mise en service. En outre, cette patente est réduite de moitié dans les localités ayant une population de moins de 5.000 habitants.

Les loueurs de chambres ou appartements meublés sont imposés à raison de 30 francs par chambre et par an jusqu'à 4 chambres inclus. A partir de 5 chambres le tarif sera celui applicable aux hôteliers.

ART. 30. — *Marchands ambulants.* — Les marchands qui vendent en ambulance ou à l'étalage sur la voie publique ou à domicile pour leur compte ou celui d'autrui sont soumis au paiement d'une patente dont le taux est fixé uniformément à 60 francs.

Toutefois, cette patente n'est valable que pour les marchandises pouvant être transportées par le titulaire accompagné d'un seul porteur.

Une patente distincte sera exigée pour tout porteur en supplément.

Lorsque les marchandises seront colportées par véhicules, la patente sera uniformément fixée à 165 francs par véhicule et par an.

Toutes les patentes spéciales délivrées aux marchands ambulants et à l'étalage donnent le droit au titulaire d'opérer dans toute l'étendue de la province où aura été délivrée la patente et d'une province limitrophe de la précédente au choix du patentable. Le choix de la province limitrophe devra être fait au moment de l'inscription au rôle et en tout cas être mentionné sur la formule de patente. Le rayon d'action de cette patente spéciale ne pourra être modifié en cours d'année.

Elle ne dispense pas les patentés qui en sont titulaires des droits de place sur les marchés, chaque fois qu'ils y effectueront leurs opérations.

Toutes les patentes des marchands ambulants, à l'étalage ou de passage sont payables d'avance et en une seule fois.

ART. 31. — Les marchands ambulants ou à l'étalage qui achètent des marchandises ou produits quelconques par voie d'échange sont soumis à la patente entière des vendeurs similaires tenant boutique dans la localité la plus peuplée de celle qu'ils fréquentent habituellement.

ART. 32. — Les marchands établis et vendant habituellement à demeure sur les marchés communaux ou autres sont astreints au paiement de la patente indépendamment des droits de place. On ne doit pas considérer comme marchands en ambulance les marchands de grains, les marchands de bestiaux, les marchands de peaux et les individus exerçant des professions analogues ; on ne doit pas non plus appliquer cette dénomination aux marchands vendant en gros et en demi-gros.

ART. 33. — *Interdiction de la vente en ambulance de boissons alcooliques et hygiéniques.* — Il n'est pas délivré de patente de marchand ambulant pour la vente habituelle des boissons alcooliques et hygiéniques, qui ne peut se faire qu'en boutique ou au lieu de fabrication.

Toutefois, une autorisation spéciale, taxée à 50 francs pour une autorisation valable pendant vingt-quatre heures et 25 francs pour douze heures peut être délivrée pour la vente accidentelle des dites boissons à l'occasion et pour la durée d'une foire, d'un concours ou d'une fête publique.

Cette autorisation ne sera valable que pour le lieu, le jour et les circonstances pour lesquelles elle aura été délivrée. Elle tient lieu de patente et licence.

ART. 34. — *Marchand de cocons.* — Le commerce des cocons est imposé à une patente unique de 150 francs valable dans toute l'étendue de la Colonie.

ART. 35. — *Sucre blanc.* — Les fabricants de sucre blanc sont imposés comme suit :

Production ou vente annuelle de :

500 tonnes et au-dessus.....	1.200 francs.
100 — à 499.........	720.
99 — et au-dessous...	300.

ART. 36. — *Rizeries, pilonneries et décortiqueries.* — Les rizeries, pilonneries et décortiqueries qui se bornent à effectuer le pilonnage, la décortication et la préparation des grains bruts qui leur sont confiés par autrui sont imposables à une patente de 300 francs lorsqu'elles traitent moins de 100 tonnes dans l'année et de 600 francs au-dessus de 100 tonnes.

Tout autre propriétaire de rizerie, pilonnerie ou décortiquerie vendant après préparation les produits lui appartenant est imposable selon le cas à la patente de marchand de grains fixée d'après l'article 27.

ART. 37. — *Saindoux et salaisons.* — Les commerçant de saindoux et salaisons sont imposés comme suit :

Commerçants exportateurs...	720 francs.
Commerçants vendant aux maisons de gros..........................	438 francs.
Commerçants vendant à la consommation locale......................	228 francs.

ART. 38. — *Marais salants.* — Les propriétaires ou fermiers de marais salants sont imposables suivant les superficies possédées ou louées au taux de 36 francs l'hectare de marais en exploitation.

ART. 39. — *Marchand de produits locaux sans établissement ni entrepôt.* — Tout individu qui, n'étant pas salarié par une compagnie ou un particulier en vertu d'un contrat de travail régulier et ne possédant pas d'établissement fixe à usage de commerce ou d'entrepôt achète généralement des produits locaux pour être revendus est réputé marchand de produits locaux sans établissement ou entrepôt. A ce titre il est assujetti à une patente spéciale de 300 francs dont il doit justifier le paiement intégral au moment où il effectue ses achats.

Le rayon d'action de cette patente spéciale est celle déterminée à l'article 6 pour les collecteurs, marchands et acheteurs ambulants.

TITRE IV

Exemptions de patente

ART. 40. — *Professions non soumises à la patente.* — Sont exemptés de la patente :

1° Les fonctionnaires et employés salariés par l'Etat, la Colonie ou les communes, en ce qui concerne l'exercice de leurs fonctions ; à l'exception de ceux qui remplissent les fonctions de notaire dans les localités où siège un tribunal de première instance ou de justice de paix à compétence étendue ;

2° Les peintres, sculpteurs, graveurs et dessinateurs considérés comme artistes et ne vendant que le produit de leur art ;

3° Les professeurs de belles-lettres, sciences et arts d'agrément et les instituteurs, à moins qu'ils ne tiennent une institution (pension, école, cours, etc.).

Toutefois, l'exemption est étendue aux garderies d'enfants et aux écoles primaires autorisées en conformité des dispositions de l'arrêté du 23 novembre 1906 ;

4° Les éditeurs de feuilles périodiques, les propriétaires de cabinet de lecture, les artistes dramatiques ;

5° Les cantiniers attachés à l'armée, avec une commission du ministre de la guerre ;

6° Les cultivateurs et laboureurs, mais seulement pour la vente et la manipulation des récoltes et fruits ayant exigé des frais de plantation, de labour et d'entretien et pour le bétail qu'ils élèvent.

L'exemption ne s'étend donc pas :

a) Au cultivateur qui achète des animaux pour les revendre ensuite :

b) A celui qui vend des fromages ou du beurre provenant de troupeaux entretenus ou élevés sur les terrains d'autrui ;

c) A celui qui achète des récoltes sur pied et vend tout ou partie des produits qui en proviennent ;

d) Aux concessionnaires et aux exploitants des forêts appartenant au domaine de la Colonie.

7° La navigation au petit cabotage ou au bornage à l'exclusion du batelage, les propriétaires d'une seule embarcation (pêcheurs ou autres) jaugeant moins d'un tonneau. Les passeurs assurant le passage des cours d'eau (même pour plusieurs embarcations affectées uniquement à ce service).

8° Les concessionnaires de mines, pour le seul fait de l'extraction ou traitement et de la vente des matières par eux extraites.

9° Les associés en commandite, les sociétés de prévoyance et d'assurance mutuelles administrées gratuitement et régulièrement autorisées ;

10° Les commis et toutes personnes travaillant à gages, à façon et à la journée dans les maisons, ateliers et boutiques des patrons ou artisans de leur profession ou dans la localité où est située la maison qui les emploie.

(1) Celui qui traite le graphite sans outillage mécanique pour une quantité inférieure à 20 tonnes est exempté de la patente.

Les ouvriers manuels de toute profession travaillant chez eux ou chez les particuliers avec un seul apprenti âgé de moins de 16 ans, à condition qu'ils ne fournissent que la main-d'œuvre ou des matières ouvrées par eux et qu'ils n'aient ni enseigne ni boutique.

La veuve qui continue, avec l'aide d'un seul ouvrier ou apprenti, la profession précédemment exercée par son mari.

Ne sont pas considérés comme compagnons ou apprentis la femme travaillant avec son mari ni les enfants non mariés et âgés de moins de 16 ans qui travaillent avec leur père et mère ni le simple manœuvre dont le concours est indispensable à l'exercice de la profession.

10° Les sages-femmes payées par l'assistance médicale indigène, les dépôts de pharmacie autorisés dans les localités éloignées d'un myriamètre au moins de toute officine ou de toute formation sanitaire.

11° Les fabricants de charbon de bois (ceux-ci restant d'ailleurs soumis à la patente s'ils sont en même temps marchands).

12° Les concessionnaires forestiers qui ne vendent pas les produits de leur exploitation.

TITRE V

Réductions de patente

Art. 41. — *Marchands de menus comestibles.* — Les marchands au détail, à l'étalage ou en ambulance de riz, manioc, patates, pommes de terre, légumes, œufs, poissons secs et autres menus comestibles avec ou sans préparation culinaire doivent la moitié seulement de la patente de 5e classe lorsqu'ils exercent exclusivement leur commerce sur les marchés communaux ou autres.

Toutefois cette faveur s'applique en tous lieux aux mutilés de la guerre, aux vieillards (femmes ou hommes) âgés de plus de 60 ans et aux individus atteints d'infirmités les empêchant de se livrer à un autre travail.

TITRE VI

Droit proportionnel

Art. 42. — Le droit proportionnel est établi sur la valeur locative des bureaux, magasins, boutiques, usines, ateliers, hangars, remises, chantiers, terrains de dépôts, wharfs et autres locaux ou emplacements servant à l'exercice des professions imposables, a l'exception des appartements servant de logement ou d'habitation.

Il est dû alors même que les locaux occupés sont concédés à titre gratuit.

La valeur locative est déterminée, soit au moyen de baux authentiques ou de locations verbales passés dans des conditions normales, soit par comparaison avec des locaux dont le loyer aura été régulièrement constaté ou sera notoirement connu et, à défaut de ces bases, par voie d'appréciation.

Le droit proportionnel pour les usines et établissements est calculé sur la valeur locative de ces établissements pris dans leur ensemble et munis de tous leurs moyens matériels de production.

Art. 43. — Le droit proportionnel est payé dans toutes les localités où sont situés les locaux servant à l'exercice des professions imposables.

Art. 44. — Le patentable qui exerce dans un même local ou dans des bureaux non distincts plusieur industries ou professions passibles d'un droit proportionnel différent, paye le droit d'après le taux applicable à la profession qui comporte le taux le plus élevé.

Dans le cas où les locaux sont distincts, il paye pour chaque local le droit proportionnel attribué à l'industrie ou à la profession qui y est spécialement exercée.

Art. 45. — Les divers modes d'évaluation de la valeur locative doivent être employés de préférence dans l'ordre indiqué à l'article 42. Toutefois, dans certains cas particuliers, l'administration pourra s'inspirer des considérations suivantes :

a) *Contrats de location*

L'administration pourra écarter les baux dont les loyers paraissent anormaux et qui, par suite de circonstances exceptionnelles, présentent une exagération ou une atténuation certaine, par exemple, ceux consentis après faillite entre parents, pour un terme exceptionnellement court, pour une période de longue durée l'empêchant de rester en harmonie avec le cours normal des loyers ; elle pourra agir de même lorsqu'il s'agit d'un bail applicable à l'établissement industriel basé sur la production qui en est l'objet, lorsqu'y sont stipulés certains avantages particuliers, tels que cession de clientèle, monopole de vente, etc., ou des obligations étrangères à la jouissance normale des locaux loués, telles que l'abandon gratuit du matériel à l'expiration du contrat, etc.

b) *Evaluation par comparaison*

Quand il y aura lieu à évaluation par comparaison par suite de l'absence dans la localité de locaux affectés au même usage, les termes de comparaison pourront être choisis en dehors des limites du district et, le cas échéant, de la province.

c) *Evaluation par appréciation directe*

Lorsque les méthodes précitées ne pourront pas être employées, notamment lorsqu'il s'agira d'établissements industriels d'un type spécial, la valeur locative sera déterminée par appréciation directe. A cet effet, on déterminera les valeurs en capital que comportent respectivement, dans l'état où ils se trouvent, les immeubles, et, le cas échéant, l'outillage industriel, puis il sera appliqué à ces valeurs vénales le taux d'intérêt en usage dans la région sans qu'il puisse être supérieur à 10 0/0 et inférieur à 5 0/0.

Art. 46. — Le taux du droit proportionnel est fixé comme suit :

1/5 pour les professions libérales ;

1/10 pour les commerces ou industries de 1re classe ;

1/15 pour les commerces ou industries de 2e classe ;

1/30 pour les commerces ou industries de 3e classe ;

1/40 pour les commerces et industries de 4e et 5e classe.

Le même taux de 1/40 sera appliqué à toutes les industries des trois premières classes sous la condition qu'elles emploient des moyens mécaniques modernes. L'appréciation des moyens employés sera confiée à la commission des patentes sur la proposition motivée de l'autorité administrative.

Pour les patentables sans domicile fixe ou exerçant une profession, un commerce ou une industrie n'exigeant pas de locaux spéciaux, le droit proportionnel est arrêté uniformément à une somme égale au tiers du droit fixe.

Art. 47. — *Dispositions communes à tous les assujettis.* — Pour tous les patentés sans exception, le montant du droit proportionnel ne pourra être supérieur au droit fixe de la patente qu'il accompagne, ni inférieur pour les patentés des trois premières classes au tiers du droit fixe et au quart du droit fixe pour ceux des 4e et 5e classe.

Art. 48. — *Exemptions.* — Les patentés de 6e classe sont exonérés du droit proportionnel.

TITRE VII

Art. 49. — *Annualités des patentes.* — La patente est due pour l'année entière par tous les individus exerçant au 1er janvier une profession imposable.

Ceux qui entreprennent dans le cours de l'année une profession sujette à patente, ne doivent la contribution qu'à partir du premier jour du trimestre dans lequel ils ont commencé à l'exercer.

Exception est faite pour les professions qui par leur nature ne peuvent être exercées que pendant une partie de l'année. Les personnes qui s'y livrent et par exemple, les fileurs de cocons, les exploitants d'eaux thermales, de bains de mer, les marchands de pois du Cap, etc., doivent le montant de la contribution pour l'année entière quelle que soit l'époque à laquelle ils entreprennent l'une de ces professions.

En cas de fermeture des établissements, magasins, boutiques, ateliers, par suite de décès, de liquidation judiciaire ou amiable ou de faillite déclarée, les droits ne seront dûs que jusqu'à la fin du trimestre en cours.

Sur la demande des parties intéressées, il pourra être accordé décharge du surplus de la taxe et les sommes payées en trop pourront être remboursées.

Art. 50. — *Rôles primitifs.* — La patente est perçue sur rôles nominatifs (primitifs ou supplémentaires) établis dans chaque circonscription, par district, après avis de la commission des patentés composée conformément à l'article 56.

Les agents chargés de les établir doivent procéder en temps utile, au recensement préalable des imposables.

Les rôles sont déposés au chef-lieu du district pendant quinze jours avant leur envoi à l'homologation, afin de permettre aux intéressés d'en prendre connaissance et de présenter leurs observations ; les réclamations reconnues fondées donnent lieu à une rectification immédiate.

Rôles supplémentaires. — Dès le premier jour de chaque trimestre, il sera ouvert un rôle supplémentaire destiné à recevoir l'inscription au fur et à mesure des déclarations ou des découvertes :

1° Des individus omis aux rôles primitifs qui exerçaient au 1er janvier précédent un commerce, une industrie ou une profession imposable ; la taxe remonte alors au 1er janvier ;

2° De ceux qui, antérieurement à cette date avaient apporté dans leur situation commerciale des changements passibles d'une augmentation de droit, celle-ci est également due à partir du 1er janvier ;

3° De ceux qui, dans le cours de l'année, entreprennent une nouvelle profession comportant un droit plus élevé ou qui transportent leur établissement dans une localité plus imposée, le supplément de la taxe est dû dans ce cas pour compter du premier jour du trimestre pendant lequel ces changements se produisent ;

4° De ceux qui, dans le cours de l'année, entreprennent une profession sujette à patente ou qui, dans le même établissement entreprennent une nouvelle profession dont la patente ne se confond pas avec celle déjà imposée ou qui encore, créent une ou plusieurs succursales. Le droit nouveau ou supplémentaire est dû, dans ces divers cas, à partir du premier jour du trimestre pendant lequel les faits se sont accomplis.

TITRE VIII

Obligations des patentables

Art. 51. — *Déclarations dans la huitaine.* — Toute personne qui devient patentable ou dont la situation subit un changement passible d'un supplément de patente doit en faire la déclaration dans la huitaine, en vue de son inscription au rôle supplémentaire en cours, à peine d'encourir les peines édictées par l'article 60.

Art. 52. — *Cession d'établissement.* — En cas de cession d'établissement, la patente est transférée au cessionnaire sur la demande des deux intéressés, après paiement, par le cédant, des termes échus.

Art. 53. — *Transfert d'établissement.* — En cas de transfert d'établissement :

1° Dans une autre localité de la même province le patentable doit en informer le chef de province avant son départ de la première localité ;

2° Dans une autre province, le changement de résidence doit être déclaré, avant d'être accompli, aux chefs des deux provinces intéressées, sous peine, dans les deux cas du paiement de la taxe à échoir jusqu'à la fin de l'année pour les deux établissements à la fois ; de plus la patente afférente à l'année en cours devra être payée intégralement dans la première province avant le transfert.

Le patentable n'est repris sur le rôle supplémentaire de la nouvelle résidence que dans le cas où, par suite de changement de classe ou de catégorie, il serait assujetti à une patente plus élevée.

Il est soumis dans ce cas, au paiement de la différence entre les deux patentes, à compter du premier jour du trimestre où le transfert a été effectué.

TITRE IX

Recouvrement des patentes

Art. 54. — *Publication des rôles.* — La publication des rôles marque, en même temps, le début de leur mise en recouvrement. Elle est assurée au moyen d'affiches sur papier libre rédigées en français et en malgache et apposées au bureau du chef du district et dans les lieux ordinaires de publication. Elle constitue une mise en demeure collective et marque le point de départ du délai de trois mois assigné par le décret du 5 août 1881, concernant l'organisation et la compétence des conseils du contentieux administratif (article 100), à la formation des requêtes contentieuses.

Les avertissements pour l'acquit des contributions sur rôles doivent être envoyés le plus tôt possible dès la publication des rôles et au maximum dans le délai de un mois.

Art. 55. — *Demandes en dégrèvement.* — Les demandes en dégrèvement particulières timbrées à 2 francs sont adressées (dans le délai de trois mois indiqué ci-dessus s'il s'agit de réclamations contentieuses) au chef de la province qui, après les avoir fait instruire par l'agent chargé de l'établissement des rôles, les transmet avec son avis à la direction des finances.

Elles font l'objet d'un arrêté du Gouverneur Général en conseil d'administration ou d'une décision du conseil du contentieux, suivant qu'elles sont formulées en vue d'une modération, ou qu'elles tendent à une décharge ou à une réduction.

Art. 56. — *Conditions et dates de recouvrement.* — En règle générale, tout patentable a la faculté de se libérer en une seule fois, après l'homologation des rôles ; mais la patente n'est exigible que par trimestre et d'avance, le premier terme étant dû dès que les rôles sont publiés. Sur le vu de la quittance constatant le premier paiement (global ou partiel) l'agent chargé de la confection des rôles délivre au contribuable une formule de patente.

En cas de cessation volontaire de commerce autre que le cas prévu à l'article 45, la contribution des patentes sera immédiatement exigible pour l'année entière.

Art. 57. — *Patentes par anticipation.* — Toutefois, des patentes par anticipation peuvent être délivrées :

1° A tous les patentables, en cas de retard dans l'homologation des rôles ;

2° En cas d'ouverture d'un nouveau commerce ou d'une profession ou d'une industrie nouvelle dans le courant d'un trimestre ;

3° Aux marchands ambulants et à tous autres à profession non sédentaire (les patentables de cette catégorie (articles 20, 21, 23, 30, 31, 33, 34, 39) doivent toujours acquitter en une seule fois le montant total de leur cote).

Avant de délivrer une patente par anticipation, l'agent chargé de la confection des rôles inscrit les renseignements concernant le contribuable et la taxe à payer sur un imprimé spécial *ad hoc*

Le volant remis au contribuable lui sert à verser immédiatement le montant du droit au trésor.

Sur le vu de la quittance attestant ce paiement, l'agent chargé de la confection des rôles délivre au contribuable une patente par anticipation.

Le montant de cette patente est inscrit ensuite, séance tenante s'il y a lieu, sur le rôle supplémentaire ouvert dans les conditions de l'article 50 ci-dessus.

Les numéros de ce rôle et de l'article d'inscription du contribuable sont relatés en même temps sur la souche correspondante du registre des patentes par anticipation.

Art. 58. — *Production de toute patente à première réquisition.* — Toute patente doit être exhibée à première réquisition de tous officiers ou agents de la police en service ou de tous autres agents de l'administration à ce autorisés.

TITRE X

Pénalités

Art. 59. — *Non production de la patente. — Paiements arriérés.* — Toute infraction aux prescriptions de l'article 51 sera contatée par procès-verbal et punie, suivant le cas, des peines prévues aux articles 471, § 15 ou 474 du code pénal.

En cas de retard dans le paiement de la taxe, le recouvrement du ou des trimestres arriérés sera poursuivi en se conformant aux prescriptions des arrêtés locaux réglementant la matière.

Art. 60. — *Dissimulation et fausses déclarations.* — Sauf le cas de bonne foi dûment démontrée, toute dissimulation ou toute fausse déclaration, constatée par procès-verbal, ratifié par décision du chef de la province, entraînera, en plus de l'application de la taxe pour l'année entière, un accroissement de taxe égal au triple des droits dont le fisc aurait pu être frustré. Les sommes ainsi imposées seront comprises dans le même article du rôle que le droit principal. Elles seront justifiées par l'annexion au rôle de la décision provinciale constatant la fraude.

Il sera, toutefois, sursis au recouvrement des pénalités prévues au présent article lorsque les intéressés déposeront, conformément à l'article 100 du décret du 5 août 1881 une requête contentieuse relative aux faits en cause.

Art. 61. — *Saisie de marchandises vendues en fraude.* — Les marchandises mises en vente par des individus non munis de patente seront, en outre, saisies et séquestrées aux frais du vendeur, à moins qu'il ne donne caution suffisante jusqu'à la production de la patente ou la preuve qu'elle a été régulièrement demandée.

Art. 62. — *Pénalités administratives.* — Les peines édictées par l'article 60 ci-dessus seront prononcées après consultation de la commission des patentes par le chef de province sous forme de décision administrative susceptible de recours au conseil du contentieux, dans les conditions fixées par l'article 100 du décret du 5 août 1881.

Art. 63. — Les rôles de patentes seront soumis avant leur homologation à une commission qui donnera son avis sur la fixation et le classement de professions exercées par les patentables. Elle signalera les erreurs et les omissions observées lors de l'examen des rôles. Ses observations seront consignées dans un procès-verbal rédigé par le secrétaire et signé par tous les membres.

La commission des patentes aura la composition suivante :

Dans chaque chef-lieu de province :

Président

1° Le chef de province.

Membres

2° 1 patenté européen.
3° 1 patenté indigène.
4° 1 représentant de la municipalité ou de la commission municipale pour les chefs-lieux érigés en communes.

Secrétaire

5° L'agent chargé des rôles.

Dans chaque district :

Président

1° Le chef de district.

Membres

2° 1 Européen, patenté de préférence.
3° 1 patenté indigène.

Secrétaire

4° 1 fonctionnaire du district.

Les patentés et le représentant de la municipalité ou de la commission municipale seront toujours désignés, par la chambre de commerce ou consultative du commerce et par la municipalité ou la commission municipale.

Si les organismes précités négligent ou refusent de désigner des délégués, le chef de province pourra y suppléer d'office par la désignation de membres pris ou non au sein de ces assemblées.

TITRE XI

Dispositions diverses

Art. 64. — MM. le directeur des finances et de la comptabilité, le trésorier-payeur et les administrateurs chefs de province sont chargés, chacun en ce qui le concerne, de l'exécution du présent arrêté, qui abroge et remplace toutes les dispositions antérieures sur les patentes et notamment l'arrêté du 30 octobre 1909 et ceux des 21 janvier, 8 avril, 10 juin, 30 août 1911, 13 janvier, 28 février, 13 décembre 1913, 27 novembre 1915, 11 juin, 5 décembre 1917, 4 novembre 1919, 27 novembre 1920, 22 décembre 1921 et ceux du gouverneur de Mayotte et dépendances en date des 1er décembre 1906, 23 janvier et 23 juin 1911. Il entrera en vigueur à compter du 1er janvier 1925.

Tananarive, le 31 décembre 1924.

M. OLIVIER.

TABLEAU A

CATÉGORIES DE POPULATION (1)	CLASSES					
	1re	2e	3e	4e	5e	6e
	fr.	fr.	fr.	fr.	fr.	fr.
1° Villes de 10.000 habitants et au-dessus	1.500	900	600	350	200	150
2° Villes de 7.500 à 9.999 habitants	1.500	825	525	300	175	125
3° Villes de 5.000 à 7.499 habitants	1.500	750	450	250	150	100
4° Villes de 2.500 à 4.999 habitants	1.500	675	375	200	125	75
5° Villes de 1.000 à 2.499 habitants	1.500	525	225	150	100	60
6° Villes de 500 à 999 habitants	1.500	300	150	100	70	40
7° Localités au-dessous de 500 habitants	1.500	150	75	50	30	20

(1) La population de la zone suburbaine entre en ligne de compte dans la détermination de la population totale.

TABLEAU B

PROFESSIONS, INDUSTRIES, MÉTIERS, COMMERCES	CLASSEMENT
Professions libérales	
Agent d'affaires	3e
Est imposable comme agent d'affaires :	
Celui qui sans tenir un cabinet d'affaires ouvert au public, se livre à la gestion des affaires d'une clientèle assez nombreuse pour que cette gestion soit considérée comme constituant l'exercice d'une profession ;	
Celui qui reçoit habituellement des mandats pour représenter des tiers et défendre leurs intérêts dans les affaires litigieuses ;	
Celui qui reçoit des mandats pour gérer les intérêts d'autrui, faire des recouvrements et des expertises et représenter des tiers en justice ;	
Le licencié en droit non inscrit au tableau des avocats, qui moyennant rétribution, donne des consultations sur des questions litigieuses et accepte des mandats pour représenter des tiers et défendre leurs intérêts en justice ;	
Celui qui moyennant rétribution perçoit des rentes et fermages, administre et régit des biens et fait pour le compte des tiers des acquisitions et des ventes d'immeubles ;	
Celui qui se livre habituellement à des opérations d'achat et de vente pour le compte d'autrui ;	
Celui qui sans avoir de cabinet ouvert au public, se livre à des opérations de recouvrement des effets de commerce pour diverses maisons de banque qui le rétribuent au moyen de remises proportionnelles aux sommes encaissées ;	
Celui qui tenant un cabinet ouvert au public, s'occupe de vérifications ou d'expertises en matière de comptabilité.	
Agent de location d'immeubles	4e
Agent d'assurances (incendie, vie, accidents)	4e
Agent d'assurances maritimes	2e
Agent de change	1re
Agent de librairie	4e
Agent en douane	3e
Architecte	4e
Avocat défenseur	2e
Bureau de placement (celui qui tient un)	5e
Chimiste avec laboratoire d'analyse	5e
Clinique médicale (le praticien qui reçoit en traitement des malades payants)	2e
Commissaire-priseur	3e
Dentiste	3e
Dentiste ayant une clientèle pour la plus grande partie indigène	4e
Écrivain public	6e
Expert en écritures (s'il exerce cette profession d'une manière habituelle)	5e
Expert près des tribunaux (habituel)	4e
Greffier notaire	3e
Géomètre	5e
Huissier	6e
Ingénieur civil	4e
Médecin (docteur ou chirurgien européen)	2e
Médecin indigène	3e
Pharmacien vendant en gros	1re
— en détail	2e
Les pharmaciens déclarés adjudicataires d'une fourniture pour l'administration civile ou militaire sont imposés à la 1re classe comme vendant en gros.	
Sage-femme libre	6e
Traducteur juré	5e
Vétérinaire	5e

Par exception aux dispositions de l'article 7 du présent arrêté peuvent seules se confondre entre elles :

1° Les patentes d'agent d'affaires, d'agent en douane, d'agent de location d'immeubles, d'agent de bureau de placement, de commissaire-priseur ;

2° Les patentes d'écrivain public, d'expert en écritures, d'expert près les tribunaux, de traducteur juré ;

3° La patente d'agent d'assurances contre l'incendie, vie, accident, réduite au quart est cumulable avec les patentes d'agent d'affaires, agent en douanes et agent de location d'immeubles ;

4° La patente d'agent d'assurances maritimes réduite au quart est cumulable avec les patentes de compagnie de transports maritimes et d'établissement de crédit.

Ne sont pas considérés comme agents d'assurances maritimes les représentants des compagnies d'assurances métropolitaines qui se bornent à expertiser et à dresser des constats d'avarie.

PROFESSIONS, INDUSTRIES, MÉTIERS COMMERCES	CLASSEMENT
Industries et métiers	
Apparaux (maître d') celui qui au moyen de pontons, cabestans, etc., met les navires en carène ou les remet à flot	5e
Arrosage, balayage, enlèvement des boues, vidanges (entrepreneur d') sont imposables en outre comme marchands ou fabricants d'engrais ceux qui font subir à ces immondices des manipulations ou mélanges	4e
Appareils automatiques (orgues, pianos, etc.). Exploitant	5e
Armateur (voir article 18 de l'arrêté).	
Armurier : ayant magasin et atelier	3e
employant plusieurs ouvriers chez soi ou au dehors	5e
employant au plus un ouvrier	6e
Automobiles (loueur d')	3e
Balayage (voir arrosage)	
Barbier : opérant seul	6e
avec 2 employés	5e
au-dessus de 2 employés	4e
Barques, bateaux, chalands, pirogues (maître, patron, loueurs) pour le transport des voyageurs et des marchandises dans les ports, sur les canaux, fleuves, rivières ou à leurs embouchures (voir article 18 de l'arrêté).	
Bâtiments (entrepreneurs de) voir article 16 de l'arrêté.	
Betsabetsa (fabricant et marchand) voir article 22 de l'arrêté.	
Beurre (fabricant)	6e
Bière (fabricant)	6e
Bijoutier (fabricant) ayant un magasin de vente	2e
Bijoutier (artisan) employant plusieurs ouvriers chez soi ou au dehors	4e
Bijoutier (artisan) employant au plus un ouvrier	5e
Blanchisseur de linge (sans établissement de buanderie)	6e
Blanchisseur de linge (avec établissement de buanderie)	5e
Bottier ou cordonnier (artisan) employant plusieurs ouvriers chez soi ou au dehors	5e
Bottier ou cordonnier (artisan) employant au plus un ouvrier	6e
Boucher en gros (celui qui achète des bestiaux sur pied, les fait abattre et les vend par quartiers à d'autre bouchers)	3e
Boucher au détail (celui qui débite pour la consommation la viande des bestiaux achetés et abattus par lui ou qui revend la viande achetée par quartier)	4e
Boulanger	5e
Bourrelier : ayant magasin avec atelier	4e
(artisan) employant plusieurs ouvriers chez soi ou au dehors	5e
(artisan) employant au plus un ouvrier	6e
Briques, carreaux, tuiles, objets en terre cuite (fabricant de)	5e
Broderies ou dentelles (fabricant) ayant un magasin de vente avec atelier ou faisant travailler au dehors	4e
Broderie ou dentelle (fabricant) employant au plus une ouvrière	6e
Café-restaurant	3e
Calfat radoubeur de navires ou de barques	4e
Camionneur (voir article 17 de l'arrêté).	
Carrossier et fabricant de pousse-pousse	4e
Cercle, de société (gérant de)	4e
Chaises à porteurs, filanjana (fabricant de)	5e
Chaise à porteurs et pousse-pousse (loueur)	5e
Chandelles du pays (fabricant)	5e
Changeur (tout changeur autorisé, qu'il soit en boutique ou ambulant, est soumis indépendamment des autres taxes auxquelles il est assujetti à une patente spéciale de)	5e
Chanteurs et danseurs ambulants (voir article 21 de l'arrêté).	
Chapeaux (fabricant ou marchand de) : en gros	2e
en demi-gros	3e
au détail	5e
Charcutier (celui qui vend principalement de la charcuterie fraîche au détail	4e
Charpentier : (entrepreneur). Voir article 16 de l'arrêté.	
(artisan) employant plusieurs ouvriers chez soi ou au dehors	5e
(artisan) employant au plus un ouvrier	6e
Charpentier de marine	4e
Chaufournier (maître)	5e
Chaussures (fabrication mécanique)	3e
Chevaux et voitures (loueur de)	4e
Cinématographe : exploitant, théâtre, café-concert	4e
louer de films	3e
Coiffeur parfumeur : en boutique (celui qui vend exclusivement des objets et produits se rapportant à sa profession) opérant seul	6e
occupant 2 employés	5e
occupant plus de 2 employés	4e
Conserves de viandes et viandes frigorifiées (fabricants et marchands en gros)	1re
Cordes (fabricant et marchand de)	5e
Cordonnier : (artisan) employant plusieurs ouvriers chez soi ou au dehors	5e
(artisan) employant au plus un ouvrier	6e
Couturière : ayant atelier et magasin	4e
employant plusieurs ouvrières chez soi ou au dehors	5e
à façon employant au plus une ouvrière	6e
Dalles, pierres de taille, moëlons, caillasse (fournisseur de)	5e
Dentelles (Voir broderies).	
Distillateur d'essences de parfumerie (1)	3e
Eaux et courant électrique (Compagnie de distribution)	1re
Eaux gazeuses, eaux minérales naturelles ou factices, limonades gazeuses, etc. (fabricant ou marchand)	4e
Ebéniste : fabricant ou marchand ayant boutique ou magasin	4e
à façon employant plusieurs ouvriers chez soi ou au dehors	5e
employant au plus un ouvrier	6e

(1) 1re catégorie de population quelle que soit la localité où sera installé l'établissement.

PROFESSIONS, INDUSTRIES, MÉTIERS, COMMERCES	CLASSEMENT
Editeur imprimeur	3e
Editeur non imprimeur	4e
Electricité (exploitation d'une usine d'éclairage par)	2e
Engrais (fabricant)	4e
Entrepreneur de travaux ou de bâtiments (Voir article 16 de l'arrêté).	
Farine et cossettes de manioc (production ou vente annuelle par le fabricant). Voir article 25 de l'arrêté.	
Fécules et tapiocas (production ou vente annuelle par le fabricant). Voir article 25 de l'arrêté.	
Filanjana (Voir chaise à porteur).	
Fabricant de chocolat	3e
Ferblantier-lampiste (est imposable comme tel celui qui, à la vente des objets de ferblanterie qu'il fabrique, ajoute celle de lampes, de lanternes de voitures, de globes et de verres de lampes	4e
Ferblantier (simple) avec boutique et atelier	5e
Ferblantier (simple) à façon	6e
Forgeron, maréchal ferrant (occupant plusieurs ouvriers)	5e
Forgeron, maréchal ferrant (occupant au plus un ouvrier)	6e
Fromages (fabricant vendant ses produits)	5e
Gargotier (celui qui donne à manger à très bas prix)	6e
Glaces, eau congelée (fabricant)	4e
Graphite (industrie ou commerce). Voir article 26 de l'arrêté.	
Horloger.. (fabricant ayant magasin de vente avec ou sans atelier)	3e
Horloger.. (artisan) employant plusieurs ouvriers chez soi ou au dehors)	5e
Horloger.. (artisan) employant au plus un ouvrier	6e
Hôtel garni et loueurs de chambres et appartements meublés (Voir article 29)	3e
Hôtel (annexe ou dépendance d') comportant des chambres garnies. (Voir article 29 de l'arrêté).	
Hôtel-restaurant	3e
Huiles et savons (fabricant ou marchand) .. en gros	2e
Huiles et savons (fabricant ou marchand) .. en demi-gros	3e
Huiles et savons (fabricant ou marchand) .. en détail	5e
Imprimeur typographe ayant moins de 5 ouvriers	5e
— — plus de 5 ouvriers	4e
Industries quelconques non prévues au tableau B et employant une force mécanique (Voir article 19 de l'arrêté).	
Jardinier horticulteur (fournissant des plants, fleurs, etc.,)	6e
Laboureur (Voir article 40 de l'arrêté).	
Libraire-éditeur	3e
Libraire non éditeur	4e
Limonades gazeuses	4e
Maçon (Maître)	5e
Maçonnerie (entrepreneur de)	4e
Marais salants (propriétaire ou fermier), voir article 38 de l'arrêté.	
Maréchal ferrant	6e
Matelassier employant plusieurs ouvriers	5e
— au plus un ouvrier	6e
Mécanicien ayant magasin et atelier	4e
Mécanicien employant plusieurs ouvriers chez soi ou au dehors	5e
Mécanicien employant au plus un ouvrier	6e
Menuisier (entrepreneur)	4e
Menuisier (artisan) employant plusieurs ouvriers chez soi ou au dehors	5e
Menuisier (artisan) employant au plus un ouvrier	6e
Meubles (loueur de) et fabricant de	3e
Modiste sans atelier	5e
Modiste avec atelier	4e
Opticien	5e
Orfèvre (Voir bijoutier).	
Pâtissier	5e
Peintre en bâtiments ou décorateur (entrepreneur)	3e
Peintre en bâtiments ou décorateur (non entrepreneur, travaillant seul)	6e
Peintre en bâtiments ou décorateur (non entrepreneur, avec des ouvriers)	5e
Peaux (acheteur et préparateur de) (1)	5e
Pensions bourgeoises ou de famille	5e
Photographe	5e
Pianos, orgues (loueur de) à partir de 2 pianos	5e
Pirogues (fabricant de) employant au plus un ouvrier	6e
Pirogues (fabricant de) employant plusieurs ouvriers	5e
Plombier	5e
Relieur de livres employant plusieurs ouvriers chez soi ou au dehors	5e
Relieur de livres employant au plus un ouvrier	6e
Restaurateur	4e
Rizeries et décortiqueries (Voir article 36 de l'arrêté).	
Saindoux et salaison (fabricant et marchand) (article 37 de l'arrêté).	
Sellier	5e
Serrurerie (Voir mécanicien).	
Sucre blanc (fabricant) vendant ses produits (Voir article 35 de l'arrêté).	
Sucre malgache (fabricant vendant ses produits)	5e
Tabac (fabricant ou marchand)	4e
Tailleur d'habits ou couturier sur mesure (ayant assortiment d'étoffe)	3e
Tailleur d'habits sans assortiment d'étoffe et employant plusieurs ouvriers chez soi ou au dehors	5e
Tailleur d'habits employant au plus un ouvrier	6e
Tanneur employant plusieurs ouvriers et ayant magasin	4e

(1) Le préparateur de peaux qui, outre les peaux, collecte d'autres produits locaux est rangé à la 4e classe.

PROFESSIONS, INDUSTRIES, MÉTIERS, COMMERCES	CLASSEMENT
Tanneur employant au plus un ouvrier	6e
Tapissier	5e
Teinturier dégraisseur	6e
Tourneur sur bois en boutique	5e
— sans boutique	6e
Tuiles (Voir briques).	
Transports terrestres (Voir article 17 de l'arrêté).	
Transports maritimes (Voir article 18 de l'arrêté).	
Vanille (préparateur de) à façon, travaillant pour son compte (Voir article 24 de l'arrêté).	
Vanille (préparateur et commerçant) celui qui achète la récolte des planteurs pour la préparer et la vendre ensuite (Voir article 24 de l'arrêté).	
Vélocipède, bicyclettes (loueur) (au-dessus de 2)	5e
Vidanges (entrepreneur de)	4e
Zingueur	5e

Par exception aux dispositions de l'article 7 du présent arrêté peuvent se cumuler entre elles :
1° Les patentes d'entrepreneur d'arrosage, de balayage, d'enlèvement des boues et des vidanges ;
2° Les patentes de bijoutier, horloger, orfèvre, opticien ;
3° Les patentes de boulanger et pâtissier ;
4° Les patentes de bourrelier et sellier ;
5° Les patentes de fabricant de filanjana et pousse-pousse ;
6° Les patentes de loueur d'automobiles, vélocipèdes, chevaux et voitures, pousse-pousse, filanjana ;
7° Les patentes de carrossier, charron et forgeron ;
8° Les patentes de couturière et modiste ;
9° Les patentes de fabricant de conserves, viande frigorifiée et de saindoux et salaisons ;
10° Les patentes de fabricant d'eaux gazeuses, de glace et de limonade ;
11° Les patentes d'ébéniste, menuisier, tourneur en bois et charpentier et fabricant de pirogue ;
12° Les patentes de ferblantier, plombier, zingueur, mécanicien, serrurier, armurier, forgeron et maréchal ferrant et carrossier ;
13° Les patentes de libraire et relieur ;
14° Les patentes de loueur de meubles et de pianos et orgues, de fabricant de meubles, tapissier et matelassier ;
15° Les patentes de fabricant de fécules et de farines ;
16° Les patentes d'exploitant de cinématographe et de loueur de films cinématographiques.

PROFESSIONS, INDUSTRIES, MÉTIERS, COMMERCES	CLASSEMENT
Commerces	
Achats (tenant une maison d'achats)	4e
Celui qui tient une maison d'achats de produits locaux ou de marchandises diverses pour le compte d'un tiers ou qui sont destinés à l'approvisionnement d'un ou plusieurs établissements de vente qu'il exploite.	
Acheteur ambulant (celui qui achète en ambulance pour son compte ou celui d'autrui) (1)	5e
Toutefois, est exempté de la patente, le commis ou employé opérant dans le rayon d'action fixé à l'article 6, § 1.	
Agence de paquebots étrangers (tenant une)	2e
Alcool, fabricant et marchand	1re
Armes (marchand)	3e
Eau-de-vie, liqueurs et autres boissons alcooliques quelles qu'elles soient:	
Marchand en gros (par plus de 11 bouteilles d'une même boisson)	1r
Marchand vendant à emporter	2e
Marchand vendant à consommer sur place	4e
Approvisionneur de navires	3
Banques et autres établissements de crédit (Voir article 12 de l'arrêté).	
Bœufs et porcs (marchand de) (Voir article 23 de l'arrêté)	
Beurre (marchand de)	6e
Bois de chauffage — marchand en gros : vente d'une tonne et au-dessus	3e
Bois de chauffage — marchand en demi-gros : vente de 20 à 999 kilos	4e
Bois de chauffage — marchand au détail : vente au-dessous de 20 kilos	5e
Bois de construction et de menuiserie dits de sciage — marchand en gros : exploitants de scierie vendant à d'autres marchands ou vendant eux-mêmes directement aux menuisiers, charpentiers, ébénistes, etc	2e
Bois de construction et de menuiserie dits de sciage — marchand en demi-gros : ceux qui vendent tant aux artisans qu'aux consommateurs	3e
Boissons hygiéniques (cidre, bière, vin, poiré, hydromel) :	
Marchand en gros ou entrepositaire	3e
Marchand vendant à emporter ou à consommer sur place	5e
Brocanteur en boutique ou magasin (celui qui achète et vend toutes sortes d'objets, instruments, vêtements usagés, etc	4e
Brocanteur sans boutique ni magasin	5e
Broderies ou dentelles (marchand de) — en gros (exportateur vendant à d'autres marchands)	4e
Broderies ou dentelles (marchand de) — au détail	5e
Chapeaux — marchand en gros	2e
Chapeaux — en demi-gros	3e
Chapeaux — au détail	5e
Charbon de bois — marchand en gros : vente à d'autres marchands ou à des particuliers au-dessus de 500 kilos	3e
Charbon de bois — en demi-gros : vente de 20 à 499 kilos	4e
Charbon de bois — au détail : vente de 20 kilos et au-dessous	5e
Chaussures (marchand ayant magasin, avec ou sans atelier)	3e

(1) La catégorie de la population est celle de la localité la plus peuplée parmi celles visitées habituellement par l'intéressé.

PROFESSIONS, INDUSTRIES, MÉTIERS, COMMERCES	CLASSEMENT
Chaux, ciment (marchand de) en gros	2e
— en demi-gros	4e
— au détail	5e
Chevaux (marchand de)	4e
Cocons (marchand de) (voir article 34 de l'arrêté).	
Colporteur (voir article 30 de l'arrêté).	
Commissionnaire en or, métaux précieux, etc. (Voir article 13 et 14 de l'arrêté).	
Commissionnaire en marchandises (titulaire ou représentant)	1re
Conserves (toutes espèces de) marchand en gros	1re
— — en demi-gros	3e
— — au détail	5e
Couleurs, vernis et droguerie à l'usage des peintres (marchand de) en gros	1re
— en demi-gros	3e
— au détail	5e
Courtier en marchandises, facteur de denrées et marchandises, représentant de commerce et tout individu prêtant son entremise pour l'achat et la vente des marchandises en vendant des marchandises pour le compte de tiers et dont la profession n'est pas spécialement dénommée au présent tableau	1re
Débit de boissons (voir alcool).	
Dentelles (voir broderies).	
Eaux gazeuses, eaux minérales naturelles ou factices, limonade gazeuse (marchand de) demi-gros	4e
— détail	5e
Entrepôt (commissionnaire exploitant ou fermier des droits de magasinage (dans un)	1re
Entrepositaire (voir commissionnaire).	
Epicerie en gros	1re
— en demi-gros	3e
— au détail	5e
Fourrages divers (marchand de)	5e
Glace, eau congelée (marchand et fabricant de)	4e
Glace (marchand sans être fabricant)	5e
Graines potagères, fourragères, etc.	5e
Graines de vers à soie	5e
Graphite (marchand de). Voir article 26 de l'arrêté.	
Horlogerie, bijouterie, argenterie (marchand de)	3e
Huiles et savons (marchand d') en gros	2e
— en demi-gros	3e
— au détail	5e
Lampiste, vendeur des objets d'éclairage (sans les fabriquer)	4e
Légumes et fruits (marchand de)	5e
Légumes frais et fruits (marchand expéditeur)	4e
Magasin de plusieurs espèces de marchandises au détail (tenant un)	4e
Magasinier (celui qui sans être commissionnaire en marchandises ou entrepositaire reçoit en magasin pour le compte de négociants des marchandises qu'il n'est chargé ni de vendre ni d'expédier)	5e
Magasin général (exploitant un)	1re
Marchand ambulant. (Voir article 30 et suivants de l'arrêté).	
Marchand (classement général pour les commerces non prévus). en gros	1re
— en demi-gros	3e
— au détail	5e
Matériaux (marchand de vieux)	5e
Menus comestibles (Voir articles 41 de l'arrêté)	5e
Mercerie (marchand en demi-gros) celui qui, en même temps qu'il vend en détail aux particuliers fait des fournitures à des fabricants de chaussures, tailleurs, couturiers et autres personnes confectionnant des vêtements, broderies, dentelles)	3e
Mercerie (marchand de) au détail celui qui tient un assortiment complet de gants, cols, cravate, chaussures, rubans et autres articles de mercerie et passementerie)	4e
Modes (magasin de) avec ou sans atelier	4e
Moutons et chèvres (marchand de) en gros	2e
— en demi-gros	3e
— au détail	5e
Navigation (Compagnies de) Voir article 18 de l'arrêté.	
Papeterie (marchand de). en demi-gros	3e
— au détail	5e
Parfumerie, articles de toilette et d'hygiène	5e
Peaux (marchand de). marchand en gros, exportateur	1re
— en demi-gros	3e
— au détail	4e
Poissons frais, trépangs (marchand, expéditeur de)	5e
Poissons secs ou salés (marchand de) en gros	3e
— en demi-gros	4e
— au détail	5e
Produits locaux (marchands de) Voir article 27 de l'arrêté.	
Quincaillier en gros	1re
— en demi-gros	3e
— au détail	5e
Représentant de commerce, courtier en marchandises lorsqu'il s'entremet directement pour la vente aux marchands détaillants et aux consommateurs	3e
Sucre (marchand de) Voir article 35 de l'arrêté.	
Sucre malgache (marchand de) en demi-gros	3e
— au détail	5e
Tabac (marchand de)	4e
Tissus de laine, fils, coton (marchand de) en gros	1re
— en demi-gros	3e
— au détail	4e

PROFESSIONS, INDUSTRIES, MÉTIERS, COMMERCES	CLASSEMENT
Transitaire	3e
Vanille (marchand de) Voir article 24 de l'arrêté.	
Viandes séchées ou fumées (marchand de)	5e
Vins (voir boissons hygiéniques).	
Volailles, œufs, lait, légumes, fruits (marchand en boutique)	5e
— (exportateur)	2e

Par exception aux dispositions de l'article 7 de l'arrêté, les commerces énumérés ci-dessous ne peuvent se confondre avec aucun autre et la patente doit toujours être décomptée séparément :

1° Les patentes de marchand ambulant, colporteur, collecteur et acheteur de produits locaux ;

2° Les patentes de marchand de bestiaux (bœufs, chevaux, cochons, moutons et chèvres). Ces patentes peuvent toutefois se confondre entre elles ;

3° Les patentes de marchands de boissons alcooliques ou hygiéniques.

ARRÊTÉ

établissant dans la colonie de Madagascar et Dépendances un impôt foncier sur les terrains

Le Gouverneur Général de Madagascar et Dépendances, officier de la Légion d'honneur,

Vu les décrets des 11 décembre 1895 et 30 juillet 1897 ;

Vu les arrêtés des 4 novembre 1917, 27 novembre 1920, 27 décembre 1921 et 8 janvier 1923, modifiant le tarif, l'assiette et le mode de perception de l'impôt foncier sur les rizières et les terrains ;

Vu l'avis formulé par les Délégations économiques et financières ;

Le conseil d'administration entendu ;

Vu l'approbation ministérielle donnée par câblogramme n° 614 du 30 décembre 1924.

Arrête :

ART. 1er. — Tout terrain occupé dans la colonie de Madagascar et Dépendances, à quelque titre que ce soit, cultivé ou non cultivé, est assujetti à l'impôt foncier dans les conditions et selon le classement déterminé par le tableau ci-dessous :

1re catégorie : terres cultivées.	1 »	l'hectare
2e catégorie : terres non cultivées y compris les forêts. .	0 40	—
3e catégorie : pâturages (1). . .	0 20	—

ART. 2. — Le minimum imposable par contribuable, quelle que soit la catégorie de terrains occupés, est de 1 franc, somme égale au droit unitaire à l'hectare pour les terres cultivées.

ART. 3. — Ne sont pas soumis aux prescriptions du présent arrêté les terrains de rizières qui font l'objet d'une réglementation spéciale.

ART. 4. — **Exemption.** — L'impôt foncier ne sera pas dû pour les terres incultivables.

ART. 5. — Les concessionnaires et propriétaires de terrains pourront s'affranchir du paiement de l'impôt foncier en abandonnant définitivement aux domaines tout ou partie de leurs propriétés.

ART. 6. — **Assiette de la taxe.** — L'impôt foncier est annuel : il est dû pour les terrains occupés le 1er octobre de l'année précédant l'exercice auquel s'applique l'impôt.

ART. 7. — **Etablissement des rôles. — Rôles primitifs.**

a) *Européens et assimilés.* — Dans chaque district ou commune, le chef de district ou l'agent désigné à cet effet par le chef de la province dressera avant le 15 novembre de chaque année, pour l'année suivante, les rôles nominatifs des contribuables européens et assimilés et déterminera la quotité due par chaque assujetti.

b) *Indigènes et assimilés.* — Les rôles de l'impôt foncier sont établis, en ce qui concerne les indigènes et assimilés, par les fonctionnaires de l'administration indigène, soit au moyen des renseignements qu'ils recueillent personnellement, soit d'après la déclaration d'impôt prévue par l'article 8 ci-après.

Rôles supplémentaires. — Les rôles supplémentaires seront établis trimestriellement pour réparer les omissions ou reprendre les contribuables ayant reçu notification du procès-verbal prévu à l'article 11.

ART. 8. — **Déclaration obligatoire.** — a) *Européens et assimilés.* — Toute personne passible de l'impôt foncier est tenue de faire parvenir au chef de district, avant le 10 octobre de chaque année, la formule de déclaration d'impôt qui lui sera remise en temps utile par l'administration.

b) *Indigènes et assimilés.* — La déclaration obligatoire prévue au paragraphe précédent s'applique aux indigènes et assimilés occupant une superficie de terrain égale ou supérieure à 10 hectares. Pour les terrains de moins de 10 hectares, la déclaration sera faite soit par écrit, soit verbalement, soit par l'intéressé, soit par les chefs de village, dans les formes à déterminer par les chefs de province.

Tout contribuable qui n'aura pas produit la déclaration à la date indiquée ci-dessus sera imposé d'office. Les réclamations seront cependant acceptées jusqu'au 30 novembre, mais la cote rectifiée après réclamation sera de plein droit majorée de moitié.

ART. 9. — **Vérification des rôles.** — Les rôles de l'impôt foncier seront soumis entre le 1er et le 10 décembre de chaque année à l'examen d'une commission comprenant, sous la présidence du chef de district ayant voix prépondérante :

1 représentant du service de l'agriculture ;

2 contribuables dont 1 européen, désigné par la chambre de commerce, la chambre consultative ou la commission consultative, ayant son siège dans la circonscription ou à défaut par le chef de province.

Des contrôleurs européens pourront, en outre, être désignés par l'administration centrale pour procéder, même sur place, à la vérification des rôles.

ART. 10. — **Perception.** — La publication des rôles marque en même temps le début de leur mise en recouvrement. Elle est assurée au moyen d'affiches apposées dans les bureaux de l'autorité administrative et dans les lieux ordinaires de publication. Elle constitue une mise en demeure collective et fixe le point de départ du délai de trois mois assigné par le décret du 5 août 1881, concernant l'organisation et la compétence du conseil du contentieux administratif à la formation des requêtes contentieuses.

Tout contribuable a la faculté de se libérer en une seule fois après l'homologation des rôles, mais l'impôt n'est exigible que par trimestre et d'avance.

L'impôt foncier étant dû pour l'année entière, lorsqu'un contribuable viendra à décéder dans le courant de l'année, ses héritiers seront tenus d'acquitter le montant de sa cote.

En cas de vente volontaire ou forcée, la contribution prévue au présent texte sera exigible de l'acheteur en cas de défaillance du vendeur.

ART. 11. — **Pénalités.** — Toute dissimulation ou toute fausse déclaration constatée par un procès-verbal du chef du district, ratifié par le chef de la province, exposera, en cas de mauvaise foi dûment démontrée, l'intéressé au paiement du double des droits fraudés, sans préjudice du paiement du droit initial. Les sommes ainsi imposées seront comprises soit dans le même article du rôle que le droit principal, soit dans un rôle supplémentaire.

Elles seront justifiées par l'annexion au rôle du procès-verbal constatant la fraude.

ART. 12. — Les demandes en dégrèvements particulières tendant à la décharge ou la réduction des cotes imposées ainsi que des pénalités infligées en vertu de l'article 11 sont adressées dans le délai de trois mois indiqué à l'article 10 au chef de la province, qui, après les avoir fait instruire par l'agent chargé de l'établissement des rôles, les transmet avec son avis au Gouverneur Général (direction des finances, contributions directes).

Les demandes en remise et modération sont adressées par la même voie dans le mois où s'est produit l'événement les motivant.

ART. 13. — **Dispositions spéciales aux communes.** — L'impôt foncier créé par le présent arrêté s'appliquera aux terrains occupés dans les communes dans les conditions de l'article 1er et se superposera au besoin aux taxes communales existantes, exception faite des terrains bâtis ou à bâtir.

ART. 14. — Toutes dispositions antérieures concernant l'impôt foncier sur les terrains, notamment celles contenues dans les arrêtés des 4 novembre 1919, 27 novembre 1920, 27 décembre 1921 et 8 janvier 1923, sont abrogées.

ART. 15. — MM. le directeur des finances et de la comptabilité, le chef du service de l'agriculture et les chefs de province et de district autonome sont chargés, chacun en ce qui le concerne, de l'exécution du présent arrêté qui sera applicable à compter du 1er janvier 1925 inséré au *Journal Officiel* de la Colonie et publié ou communiqué partout où besoin sera.

Tananarive, le 31 décembre 1924.

M. OLIVIER.

(1) Les terrains domaniaux de parcours de bestiaux ne sont pas assujettis à l'impôt.

ARRÊTÉ

fixant l'assiette et le mode de perception de la taxe personnelle et d'assistance médicale, des impôts sur les rizières, les maisons, les bœufs et les chiens

Le Gouverneur Général de Madagascar et Dépendances, officier de la Légion d'honneur,

Vu les décrets des 11 décembre 1895 et 30 juillet 1897 ;

Vu l'arrêté du 4 novembre 1919 fixant l'assiette et le mode de perception de la taxe personnelle et d'assistance médicale, des contributions foncières et des impôts sur les rizières, les maisons, les bœufs et les chiens, modifié par les arrêtés des 27 novembre 1920, 27 décembre 1921 et 8 janvier 1923 ;

Vu les décrets des 2 mars 1904 et 21 juillet 1910, portant organisation du service de l'assistance médicale indigène ;

Vu les divers arrêtés fixant le taux de la taxe d'assistance médicale à percevoir dans la Colonie ;

Vu l'avis exprimé par les Délégations économiques et financières ;

Le conseil d'administration entendu ;

Vu l'approbation ministérielle donnée par câblogramme n° 614 du 30 décembre 1924,

Arrête :

Taxe personnelle

Art. 1er — *Impôt individuel.* — La taxe personnelle est due, sauf exceptions ci-après, par tous les indigènes du sexe masculin âgés de seize ans révolus au moment de la confection des rôles et par les sujets français originaires des colonies françaises de l'Afrique continentale en résidence à Madagascar.

Elle est fixée à :

35 francs dans tous les districts des provinces d'Ambositra, Analalava, Diégo-Suarez, Itasy, Maevatanana, Mananjary, Maroantsetra, Moramanga, Sainte-Marie, Nossi-Bé, Tamatave, Tananarive, Vakinankaratra ;

35 francs dans les districts de Majunga, Marovoay, Port-Bergé, Fianarantsoa, Ambalavao et Ambohimahasoa ;

25 francs dans les districts de Midongy-du-Sud, Farafangana, Ikongo, Vangaindrano, Vohipeno, Vondrozo, Ivohibe, Besalampy, Soalala, Ihosy, Anjouan, Grande-Comore, Moheli, Mayotte, augmenté des Glorieuses ;

20 francs dans les districts de Betroka, Fort-Dauphin, Ambovombe, Tsihombe, Mananteniha, Tsivory, Morondava, Tsiribihina, Mahabo, Manja, Maintirano, Morafenobe, Manambolo, Tuléar, Ankazoabo, Bas Mangoky, Tanosy ;

15 francs dans le district d'Ampanihy.

Assistance médicale indigène

Art. 2. — Le taux de la taxe d'assistance médicale indigène est fixé comme suit :

7 francs dans les districts d'Antsirane, d'Ambilobe de Nossi-Bé, Sakalava, de Vohemar, d'Antalaha, d'Analalava, de Befandriana, de Maromandia, de Port-Bergé, de Majunga, de Marovoay, de Soalala, de Besalampy, de Maevatanana, d'Ambato Boeni, de Kandreho, de Tsaratanana, de Tananarive, d'Ambohidratrimo, d'Andramasina, d'Arivonimamo, de Manjakandriana, du Manolakazo, du Mandridrano, du Kitsamby, d'Ankazobe, d'Antsirabe, de Betafo, d'Ambatolampy, de Moramanga, d'Ambatondrazaka, de Tamatave, de Brickaville, de Fenerive, de Maroantsetra, de Mananara, de Mandritsara, de Vatomandry, de Fianarantsoa, d'Ambalavao, d'Ambohimahasoa, d'Ifanadiana, d'Ambositra, d'Ambatofinandrahana, d'Ambohimanga-du-Sud, de Mananjary, de Lohołoka, de Nosy-Varika.

5 francs dans les autres districts.

Art. 3. — *Exemptions.* — Sont exemptés des taxes personnelle et d'assistance médicale :

1° Les militaires présents sous les drapeaux ;

2° Les indigènes embarqués sur les navires de guerre ;

3° Les agents indigènes de la garde régionale ;

4° Les agents indigènes des polices municipales, administrative et judiciaire ;

5° Le personnel indigène de gardiennage des prisons ;

6° Les Malgaches inscrits régulièrement au rôle d'équipage des longs courriers et des grands caboteurs battant pavillon français et naviguant à leur bord six mois chaque année ;

7° Les élèves des écoles régionales, de l'école Le Myre-de-Vilers, des sections d'apprentissage industriel et de l'école de médecine ;

8° Les pères de famille indigents et ayant sept enfants ;

9° Les agents du service actif indigène du cadre des douanes et des contributions indirectes.

Exemption temporaire. — Les militaires de l'Afrique continentale qui se font libérer dans la Colonie sont exonérés de la taxe personnelle pendant deux années à compter du jour de leur libération.

Sont exemptés de la totalité, des trois quarts, de la moitié ou du quart des taxes personnelle et d'assistance médicale :

Les contribuables dont l'indigence et l'invalidité simultanées auront été constatées par le chef de district. Ces indigènes devront être compris sur des états numériques d'exemptions visés par les chefs de circonscription qui seront adressés à l'approbation du Gouverneur Général.

Des remises ou modérations de taxe pourront être accordées par arrêté du Gouverneur Général pris en conseil d'administration aux habitants des villages qui auraient subi, à la suite d'intempéries ou de calamités publiques des pertes exceptionnelles.

Tout militaire indigène ou assimilé atteint de cécité ou étant dans l'incapacité absolue de travailler par suite de blessures ou d'infirmités incurables contractées à la guerre ou en service commandé sera, après examen et avis d'un médecin inspecteur de l'assistance médicale indigène, exempté d'une façon définitive :

1° De la taxe personnelle ;

2° De la taxe d'assistance médicale indigène ;

3° De l'impôt pour la maison qu'il occupe personnellement ;

4° De l'impôt sur les bœufs jusqu'à concurrence de deux bœufs.

Ceux atteints de blessures ou d'infirmités moins graves mais occasionnant cependant une réduction de la capacité de travail seront exonérés, après examen et avis des médecins, de la taxe personnelle et d'assistance médicale indigène, pour une période de trois ans qui pourra, le cas échéant, être renouvelée.

Impôt sur les maisons

Art. 4. — L'impôt sur les maisons d'habitation est perçu d'après le tarif ci-après :

Pour les maisons ou cases de plus de deux pièces, conformément au tableau suivant :

DÉSIGNATION	LOCALITÉS de 5.000 habitants et au-dessus	LOCALITÉS de 1.000 à 4.999 habitants	LOCALITÉS au-dessous de 1.000 habitants
	fr.	fr.	fr.
Maisons de 3 à 4 pièces.	15 »	10 »	5 »
Maisons de 5 à 7 pièces.	30 »	20 »	15 »
Maisons de 8 et au-dessus.	50 »	40 »	30 »

Seront exemptés de l'impôt ci-dessus pendant l'année de leur achèvement et les deux années suivantes, les maisons de 3 à 4 pièces appartenant à des indigènes et répondant à certaines conditions de confort et d'hygiène déterminées par les règlements spéciaux selon les provinces de la Colonie.

La taxe est due par le propriétaire quelle que soit sa nationalité, que l'immeuble soit habité ou non habité.

Ces dispositions ne sont pas applicables aux communes jouissant de l'autonomie financière pour lesquelles l'impôt sur les maisons demeure régi par des réglementations spéciales.

Impôt sur les rizières

Art. 5. — Tous les terrains cultivés en riz et les rizières aménagées et non cultivées sont annuellement assujettis à une taxe fixée comme il suit à l'hectare avec minimum de perception de 1 franc.

Province d'Ambositra

	fr.
District d'Ambositra	5 »
— d'Ambatofinandrahana	5 »
— d'Ambohimanga-du-Sud	1 »

Province d'Analalava

District d'Analalava	5 »
— de Mandritsara	2 50
— d'Antsohihy	2 50

Province de Diégo-Suarez

District d'Antsirane	5 »
— d'Ambilobe	5 »
— de Vohemar	5 »

District autonome de Betroka	1 »

Province de Farafangana

	fr.
District de Farafangana	2 50
— de Vohipeno	2 50
— de l'Ikongo	1 »
— de Vangaindrano	1 »
— de Vondrozo	1 »
— d'Ivohibe	1 »
— de Midongy-du-Sud	1 »

Province de Fianarantsoa

District de Fianarantsoa	5 »
— d'Ambalavao	5 »
— d'Ambohimahasoa	5 »
— d'Ihosy	1 »

Province de Fort-Dauphin

District de Fort-Dauphin	1	»
— d'Ambovombe	1	»
— de Manantenina	1	»
— de Tsihombe	1	»
— de Tsivory	1	»

Province de l'Itasy

District du Mamolakazo	5	»
— de Mandridrano	5	»

Province de Maevatanana

District de Maevatanana	5	»
— d'Ambato-Boéni	5	»
— de Tsaratanana	2	50
— de Kandreho	2	50

Province de Maintirano

District de Maintirano	1	»
— de Besalampy	1	»
— de Morafenobe	1	»
— de Manambolo	1	»

Province de Majunga

District de Majunga	5	»
— de Marovoay	5	»
— de Port-Bergé	5	»
— de Soalala	5	»

Province de Mananjary

District de Mananjary	5	»
— de Loholoka	5	»
— de Nosy-Varika	5	»
— d'Ifanadiana	2	50

Province de Maroantsetra

District de Maroantsetra	5	»
— de Mananara	5	»
— d'Antalaha	2	50

Province de Mayotte

District d'Anjouan	1	»
— de la Grande-Comore	1	»
— de Mayotte	1	»
— de Mohéli	1	»

Province de Moramanga

District de Moramanga	5	»
— d'Ambatondrazaka	5	»

Province de Morondava

District de Morondava	1	»
— de la Tsiribihina	1	»
— de Mahabo	1	»
— de Manja	1	»

Province de Nossi-Bé

District de Nossi-Bé	1	»
— de Sakalava	1	»

Province de Sainte-Marie	1	»

Province de Tamatave

District de Tamatave	5	»
— de Brickaville	5	»
— de Fenerive	5	»
— de Vatomandry	5	»

Province de Tananarive

	fr.	
District de Tananarive	5	»
— d'Ambohidratrimo	5	»
— d'Arivonimamo	5	»
— d'Ankazobe	5	»
— d'Ambatolampy	5	»
— de Manjakandriana	5	»

Province de Tuléar

District de Tuléar	1	»
— d'Ampanihy	1	»
— d'Ankazoabo	1	»
— de Befandriana	1	»
— de Tanosy	1	»

Province du Vakinankaratra

District d'Antsirabe	5	»
— de Betafo	5	»
— de Kitsamby	5	»

La taxe est due par le propriétaire ou l'usager du fonds, quelle que soit sa nationalité.

Exemption. — Pourront en cours d'année être exemptés de l'impôt en partie ou en totalité, les terrains de rizières pour lesquels des circonstances de force majeure empêcheraient notoirement la mise en culture. Les chefs de district feront figurer les propriétaires de ces terrains sur des états nominatifs spéciaux qui seront soumis, après visa du chef de la circonscription, à l'approbation du Gouverneur Général en conseil d'administration. Les exemptions proposées seront toujours rigoureusement motivées.

Impôts sur les bœufs

Art. 6. — Tout animal de l'espèce bovine né au moment de l'établissement du rôle est frappé d'une taxe unique fixée ainsi qu'il suit :

1° 1 franc par animal dans les districts d'Ampanihy, Ambovombe et Tsihombe ;

2° 1 fr. 50 dans tout le reste de la Colonie.

La taxe est due par le propriétaire quelle que soit sa nationalité.

Exemption. — Des dégrèvements partiels pourront être accordés, par arrêté du Gouverneur Général en conseil d'administration, aux éleveurs européens qui justifieront de l'emploi de méthodes perfectionnées et qui auront notoirement contribué à l'amélioration de la race du pays. Cette exemption n'exclut pas l'inscription au rôle de la matière imposable.

Chiens

Art. 7. — Il est perçu dans la Colonie une taxe sur les chiens fixée comme suit :

Chefs-lieux de district : 5 francs par an et par animal.

Autres localités : 2 fr. 50 par an et par animal.

Cette taxe est due pour les animaux existant au 1er novembre de l'année précédant l'exercice auquel s'applique l'impôt.

Des règlements spéciaux fixent la taxe sur les chiens dans les communes et au profit du budget communal.

Art. 8. — *Règles de perception.* — Les dates de perception des impôts faisant l'objet du présent arrêté sont fixées par les chefs de circonscription qui peuvent accorder aux contribuables la faculté de se libérer en plusieurs versements.

La perception de ces impôts est assurée par le chef de district assisté du personnel européen et du personnel de l'administration indigène.

Toute perception doit être inscrite sur un registre à souche tenu par les agents de recouvrement et visé au moment du versement au district par le chef de subdivision. Aucune somme ne pourra être perçue sans donner lieu à la délivrance immédiate d'un récépissé détaché de ce registre.

Un extrait du rôle indiquant les diverses contributions à acquitter par l'indigène sera inscrit sur son livret individuel.

L'agent de recouvrement devra inscrire, en regard ou à la suite de l'extrait du rôle, tous les versements effectués par le titulaire du livret.

Dispositions spéciales aux Européens et assimilés

Art. 9. — Des rôles spéciaux sont établis dans chaque district pour les taxes dues par les Européens et assimilés pour leurs maisons, rizières, bœufs et chiens. La perception de ces impôts est effectuée par le préposé du trésor dans le district central et par le chef de subdivision dans les districts excentriques, sauf pour la subdivision de Tananarive où les impôts dus par les Européens et assimilés continueront à y être perçus par le trésor qui a les rôles en charge, sans distinction entre les contribuables établis dans le district central et ceux des districts excentriques.

Pénalités

Art. 10. — Sauf le cas de bonne foi dûment démontrée, toute dissimulation ou toute fausse déclaration constatée par un procès-verbal du chef de district ratifié par le chef de la province exposera l'intéressé au paiement du triple des droits fraudés, sans préjudice du paiement du droit initial. Les sommes ainsi imposées seront comprises soit dans le même article du rôle que le droit principal, soit dans un rôle supplémentaire.

Elles seront justifiées par l'annexion au rôle du procès-verbal constatant la fraude.

Prescriptions

Art. 11. — Les omissions totales ou partielles constatées dans l'assiette des présents impôts peuvent être réparées au moyen de rôles supplémentaires jusqu'à l'expiration de la troisième année suivant celle au cours de laquelle l'imposition aurait dû être établie.

Remises

Art. 12. — Des remises sont attribuées aux collecteurs indigènes sur le produit des contributions qu'il perçoivent.

Elles sont fixées ainsi qu'il suit :

Taxe personnelle :

2 fr. 50 0/0 dans les districts où la taxe est égale ou supérieure à 20 francs.

3 fr. 33 0/0 dans les districts où cette taxe est de 15 francs ;

5 0/0 dans les villes où l'arrêté du 19 juin 1917 est applicable.

Taxe sur les bœufs	2 fr. 50 0/0
Taxe d'assistance médicale indigène	5 » 0/0
Impôts sur les rizières	
— sur les maisons	
— sur les chiens	10 » 0/0

Dans la province de Mayotte, les remises sont de 5 0/0 sur tous les impôts.

La répartition de ces remises est effectuée dans les conditions fixées par une décision du chef de la circonscription approuvée par le Gouverneur Général.

A Tananarive-ville, les remises allouées aux chef de canton et mpiadidy sont de 5 0/0 sur tous les produits des impôts perçus pour le compte du budget local.

Art. 13. — Sont abrogés les arrêtés des 4 novembre 1919, 27 novembre 1920, 27 décembre 1921, 8 janvier 1923.

Art. 14. — MM. le directeur des finances et de la comptabilité, le trésorier-payeur et les chefs de province et district autonome sont chargés, chacun en ce qui le concerne, de l'exécution du présent arrêté qui recevra son application à dater du 1er janvier 1925, sera inséré au *Journal Officiel* de la Colonie et publié ou communiqué partout où besoin sera.

Tananarive, le 31 décembre 1924.

M. OLIVIER.

ARRÊTÉ

modifiant le tarif de la taxe à percevoir sur chaque cheval, mule, mulet et sur chaque véhicule suspendu affectés au service des personnes ou aux transports de toute nature

---

Le Gouverneur Général de Madagascar et Dépendances, officier de la Légion d'honneur,

Vu les décrets des 11 décembre 1895 et 30 juillet 1897 ;

Vu le décret du 30 décembre 1912 sur le régime financier des colonies ;

Vu l'arrêté du 3 décembre 1918, instituant une contribution directe à percevoir sur chaque cheval, mule, mulet et sur chaque véhicule suspendu affectés au service des personnes ou aux transports de toute nature ;

Vu l'avis formulé par les Délégations économiques et financières ;

Le conseil d'administration entendu ;

Vu l'approbation ministérielle donnée par câblogramme n° 614 du 30 décembre 1924,

Arrête :

Art. 1er. — L'article 2 de l'arrêté du 3 décembre 1918 fixant le tarif de la taxe sur les chevaux et voitures est modifié comme suit :

	par C. V. ou fraction de C. V.
Automobiles de 5 C.V. et au-dessous	5 fr. »
Automobiles de 6 à 9 C.V.	7 50
Automobiles de 10 à 12 C.V.	10 »
Automobiles de 15 à 24 C.V.	15 »
Automobiles de 25 à 36 C.V.	20 »
Automobiles de 37 C.V. et au-dessus	25 »

Seront, en outre, astreints au paiement d'une taxe égale à la moitié du tarif ci-dessus spécifié les propriétaires des voitures automobiles qui sont montées sur roues à bandages non caoutchoutés ou qui remorquent des véhicules présentant les mêmes caractères.

	l'unité
Tricars et side-cars d'une puissance ne dépassant pas 6 C.V.	15 fr.
Motocycles et cycles à moteurs de tous modèles	10
Bicyclettes	5

Chevaux et voitures (1)	voitures suspendues	à 2 roues	30
		à 4 roues	50
	chevaux de selle		15
	chevaux d'attelage		15
Mulets et mules			5
Pousse-pousse	à 1 place		5
	à 2 places		10

Art. 2. — MM. le directeur des finances et de la comptabilité et les chefs de province sont chargés, chacun en ce qui le concerne, de l'application du présent arrêté qui recevra son effet à compter du 1er janvier 1925, sera publié au *Journal Officiel* de la Colonie et communiqué partout où besoin sera.

Tananarive, le 31 décembre 1924.

M. OLIVIER.

Nota. — La puissance en chevaux-vapeur à raison de laquelle sont imposables les voitures automobiles est celle pour laquelle elles sont imposées en France et résultant de la formule du service des mines.

(1) Les voitures et leurs attelages sont taxés séparément.

ARRÊTÉ

créant un impôt complémentaire personnel et progressif sur l'ensemble des impôts sur rôles et taxes assimilées payés par les indigènes et assimilés dans la colonie de Madagascar et Dépendances.

Le Gouverneur Général de Madagascar et Dépendances, officier de la Légion d'honneur,

Vu les décrets des 11 décembre 1895 et 30 juillet 1897 ;

Vu les arrêtés des 18 octobre 1918 et 4 novembre 1919, instituant à Madagascar une taxe mobilière à percevoir sur les Européens et étrangers ;

Vu les arrêtés des 4 novembre 1919, 27 décembre 1921, 8 janvier 1923 et 31 décembre 1924, fixant ou modifiant l'assiette et le mode de perception de la taxe personnelle, des contributions foncières. et des impôts sur les rizières, les maisons, les bœufs et les chiens ;

Vu l'arrêté du 31 décembre 1924 sur les patentes ;

Vu les arrêtés des 29 juin 1921 et 17 novembre 1922 appliquant aux indigènes la taxe sur la valeur locative des habitations créée par arrêté des 18 octobre 1918 et 4 novembre 1919 ;

Vu l'article 74 du décret du 30 décembre 1912 sur le régime financier des colonies ;

Vu l'avis formulé par les Délégations économiques et financières ;

Le conseil d'administration entendu ;

Vu l'approbation ministérielle donnée par câblogramme n° 614 du 30 décembre 1924,

Arrête :

Art. 1er. — Les arrêtés des 29 juin et 17 novembre 1922 appliquant aux indigènes des centres urbains de la Colonie les droits sur la valeur locative des immeubles, institués par les arrêtés des 18 octobre 1918 et 4 novembre 1919 sont abrogés.

Art. 2. — Il est établi, à dater du 1er janvier 1925 dans les circonscriptions qui seront désignées par arrêté du Gouverneur Général en conseil d'administration un impôt complémentaire personnel et progressif sur l'ensemble des impôts sur rôles et taxes assimilées payés par les indigènes et assimilés ayant dans la colonie de Madagascar et Dépendances une résidence habituelle.

Il est dû également par tout indigène ou assimilé non résidant mais acquittant des impôts directs et taxes assimilées sur le territoire de la Colonie et ses dépendances.

Art. 3. — L'impôt complémentaire personnel et progressif créé par le présent arrêté est dû au 1er janvier de chaque année et atteint tous les contribuables inscrits sur le rôle de la taxe personnelle.

Chaque chef de famille est imposable tant en raison des impôts qu'il paie personnellement que de ceux payés par sa femme et les autres membres de la famille qui habitent avec lui, à l'exception de ceux déjà inscrits aux rôles de la taxe personnelle.

Art. 4. — Chaque contribuable sera imposé eu égard aux propriétés foncières possédées en propre ou louées pour lesquelles il acquitte une taxe, aux professions qu'il exerce et pour lesquelles il paie patente, à l'exception des patentes des 5e et 6e classes, et sur la totalité de tous autres impôts directs et taxes assimilées acquittés par lui. (Les impôts communaux et centimes additionnels au profit des chambres de commerce et de la caisse d'assistance aux familles nombreuses indigènes sont exclus du calcul de la taxe).

La totalisation correspondante aux diverses sources énumérées ci-dessus est effectuée chaque année d'après leur produit respectif pendant la précédente année.

Art. 5. — *Bases de l'impôt.* — Chaque contribuable sera taxé seulement sur la portion d'impôts totalisés qui dépasse la somme de 150 francs, taxe personnelle et d'assistance médicale indigène comprises, sans aucune réduction et suivant le taux appliqué dans la subdivision par les textes organiques,

L'impôt est fixé à : 10 francs pour tous les assujettis acquittant de 150 à 300 francs inclus d'impôts directs ou taxes assimilées ; 25 francs pour tous les assujettis acquittant de 300 francs à 500 francs inclus ; 60 francs pour tous les assujettis acquittant de 500 à 1.000 francs inclus ; 150 francs pour tous les assujettis acquittant plus de 1.000 francs.

Art. 6. — *Réduction pour charges de famille.* — Tout contribuable a droit, sur le total de l'impôt complémentaire et dans la limite de la contribution due à ce titre, à une réduction de 2 fr. 50 par personne à charge si le nombre de personnes à charge ne dépasse pas cinq. Pour chaque personne au-delà de cinq, la réduction sera portée à 5 francs.

Art. 7. — Sont considérées comme personne à charge à condition de n'avoir pas d'éléments d'imposition distincts de ceux qui servent de base à l'imposition du contribuable lui-même :

1° Les ascendants âgés ou infirmes ne figurant pas sur les rôles de la taxe personnelle ;

2° Les enfants légitimes ou adoptifs, s'ils sont âgés de moins de 16 ans ou s'ils sont infirmes.

Art. 8. — *Règles d'imposition et de perception.* — L'impôt créé par le présent arrêté sera perçu en vertu de rôles nominatifs et récapitulatifs établis suivant les règles prescrites en matière d'impôts indigènes (taxe personnelle, impôt sur les rizières, etc.).

La perception en sera également poursuivie dans les formes prévues pour ces mêmes impôts ; il sera payable par trimestre et d'avance.

Art. 9. — Quiconque aura sciemment, au moyen d'une fausse déclaration ou par dissimulation de la matière imposable, obtenu ou tenté d'obtenir des dégrèvements supérieurs à ceux auxquels il a droit en vertu des dispositions des articles 5, 6 et 7 ci-dessus, sera passible d'une amende égale au montant du dégrèvement indûment sollicité, sans qu'elle puisse être inférieure à 10 francs.

L'amende sera portée au double en cas de récidive.

Ces infractions seront constatées par procès-verbal du chef de district, approuvés par le chef de la province. Les sommes imposées en application des dispositions ci-dessus seront comprises soit dans le même article du rôle que le droit principal soit dans tout autre rôle spécial ou supplémentaire. Elles seront justifiées par l'annexion au rôle du procès-verbal constatant la fraude.

La prescription ne sera acquise qu'après trois années à dater du jour de la déclaration.

Art. 10. — Les omissions totales ou partielles constatées dans l'assiette du présent impôt peuvent être réparées jusqu'à l'expiration de la troisième année suivant celle au cours de laquelle l'imposition aurait dû être établie.

Art. 11. — Dans le cas de circonstances exceptionnelles d'ordre économique, le Gouverneur Général pourra, lors de l'extension du présent arrêté à une ou plusieurs circonscriptions, supprimer provisoirement, par arrêté en conseil d'administration, le premier échelon prévu à l'article 5, augmentant ainsi jusqu'à 300 francs la portion des impôts totalisés à exonérer de toute taxe.

Art. 12. — Une remise de 5 0/0 est attribuée aux collecteurs indigènes sur le produit de l'impôt complémentaire et progressif et des amendes qu'ils perçoivent. La répartition des remises est effectuée dans les conditions fixées par une décision du chef de la province, approuvée par le Gouverneur Général.

Art. 13. — MM. le directeur des finances et les chefs de provinces intéressés sont chargés, chacun en ce qui le concerne, de l'exécution du présent arrêté qui sera inséré au *Journal Officiel* de la Colonie et publié où communiqué partout où besoin sera.

Tananarive, le 31 décembre 1924.

M. OLIVIER.

ARRÊTÉ

créant au profit du budget local, dans la colonie de Madagascar et Dépendances, un droit annuel de statistique et de contrôle sur les armes à feu

---

Le Gouverneur Général de Madagascar et Dépendances, officier de la Légion d'honneur,

Vu les décrets des 11 décembre 1895 et 30 juillet 1897 ;

Vu le décret du 6 juin 1896, réglementant l'importation, la vente, le transport et la détention des armes et munitions ;

Vu l'arrêté du 9 septembre 1896 relatif au commerce des armes et munitions ;

Vu l'arrêté du 22 mai 1907 sur la police de la chasse ;

Vu l'arrêté du 8 juillet 1911 substituant, en ce qui concerne les indigènes et assimilés, au permis de chasse un permis de port d'armes renouvelable chaque année ;

Vu les arrêtés des 29 juin et 31 décembre 1921 fixant le droit annuel auquel donne lieu la délivrance des permis de port d'armes et de chasse ;

Vu l'avis formulé par les Délégations économiques et financières ;

Le conseil d'administration entendu ;

Vu l'approbation ministérielle donnée par câblogramme n° 614 du 30 décembre 1924,

Arrête :

Art. 1er. — A partir du 1er janvier 1925 tout détenteur d'armes à feu est assujetti, sur le territoire de Madagascar et Dépendances, à un droit annuel de statistique et de contrôle sur les bases ci-après :

Fusils rayés et carabines rayées......	7 fr. 50
Fusils non rayés et carabines non rayées..............................	5 »
Armes de salon..........................	5 »
Revolvers et pistolets.................	3 »

Les droits sont dus pour l'armée entière à raison des faits constatés au 1er janvier de l'année de l'imposition.

Art. 2. — Sont exemptés de la taxe :

1° Les revolvers d'ordonnance des officiers et sous-officiers en activité de service ou appartenant à la réserve ou à l'armée territoriale ;

2° Les armes à feu à l'usage des troupes, de la police, de la douane, des contributions indirectes, de la garde indigène, ainsi que celles mises à la disposition des partisans.

3° Les armes à feu existant dans les magasins et entrepôts du commerce tant qu'elles n'ont pas été mises en usage.

Art. 3. — Tout contribuable qui devient possesseur d'une arme à feu imposable est tenu d'en faire la déclaration verbale ou écrite dans les trente jours de l'entrée en possession au fonctionnaire chargé d'établir les rôles de la localité où il réside.

Les armes non déclarées dans le délai réglementaire sont soumises en sus du droit annuel à la double taxe.

Art. 4. — En cas de vente, le contribuable ne pourra obtenir sa radiation du rôle qu'en produisant une déclaration signée de lui et du nouveau détenteur.

Art. 5. — Dans le cas où une arme est mise hors d'usage, le contribuable ne pourra obtenir sa radiation du rôle de l'année suivante qu'en produisant un certificat délivré par le chef de district.

Art. 6. — Les rôles, établis nominativement par les chef de district ou de poste administratif, sont rendus exécutoires, publiés et mis en recouvrement conformément au décret du 30 décembre 1912 sur le régime financier des colonies.

Art. 7. — Les réclamations sont adressées au directeur des finances, chef du service des contributions directes, elles sont présentées, instruites et jugées conformément aux décrets du 5 août 1881 sur le conseil du contentieux et du 30 décembre 1912 sur le régime financier des colonies.

Art. 8. — MM. le directeur des finances et de la comptabilité, les chefs de province et le trésorier-payeur sont chargés, chacun en ce qui le concerne, de l'exécution du présent arrêté qui sera inséré au *Journal Officiel* de la Colonie et publié ou communiqué partout où besoin sera.

Tananarive, le 31 décembre 1924.

M. OLIVIER.

ARRÊTÉ

créant, au profit du budget local de Madagascar et Dépendances un impôt de 10 0/0 sur le prix des places des voyageurs circulant sur les chemins de fer de la Colonie, ainsi que sur les véhicules et embarcations des services automobiles et fluviaux.

Le Gouverneur Général de Madagascar et Dépendances, officier de la Légion d'honneur,

Vu les décrets des 11 décembre 1895 et 30 juillet 1897 ;

Vu les arrêtés des 27 novembre 1920, 24 juin et 30 décembre 1922 et textes subséquents, fixant ou modifiant les tarifs de transports sur les chemins de fer de Madagascar et sur les véhicules et embarcations des services automobiles et fluviaux ;

Vu l'article 74 du décret du 30 décembre 1912 sur le régime financier des colonies ;

Vu l'avis formulé par les Délégations économiques et financières ;

Le conseil d'administration entendu,

Vu l'approbation ministérielle donnée par câblogramme n° 614 du 30 décembre 1924,

Arrête :

ART. 1er. — Il sera perçu, à partir du 15 janvier 1925, au profit du budget local de Madagascar et Dépendances, un impôt de 10 0/0 sur le prix des places des voyageurs de toutes classes circulant sur les chemins de fer de la Colonie, ainsi que sur les véhicules et embarcations des services automobiles et fluviaux.

ART. 2. — L'impôt créé par le présent arrêté frappe les cartes, bons et permis de circulation, soit entièrement gratuits, soit avec réduction du prix des places et tous autres titres concédant les mêmes avantages pour le prix acquitté par le bénéficiaire et pour la valeur de l'exemption qu'ils établissent.

ART. 3. — Par dérogation à l'article 2 ci-dessus, les mutilés et réformés bénéficiaires de transports à prix réduits dans les conditions de l'arrêté du 27 novembre 1920, les membres des familles nombreuses bénéficiaires de transport à prix réduits dans les conditions fixées par les arrêtés des 27 novembre 1920 et 17 avril 1923 paient l'impôt de 10 0/0 sur le prix des places qu'ils acquittent.

ART. 4. — Sont exempts de l'impôt établi par le présent arrêté, les voyageurs se déplaçant en vertu de réquisitions à la charge du budget local, les abonnements ouvriers, les cartes, bons et permis dont bénéficient les agents des services transporteurs, ainsi que leurs familles.

ART. 5. — L'impôt créé par le présent arrêté sera perçu à la diligence des comptables ou receveurs des services intéressés. Le comptable centralisateur du service du chemin de fer adressera mensuellement à la direction des finances et de la comptabilité l'état des sommes ainsi encaissées en vue de leur versement au budget local, chapitre 3, article 3.

ART. 6. — MM. le directeur des finances et de la comptabilité et le chef du service des chemins de fer sont chargés, chacun en ce qui le concerne, de l'exécution du présent arrêté qui sera inséé au *Journal Officiel* de la Colonie et publié ou communiqué partout où besoin sera.

Tananarive, le 31 décembre 1924.

M. OLIVIER.

ARRÊTÉ

modifiant l'article 4 et le paragraphe 1er de l'article 8 de l'arrêté du 24 octobre 1923 réglementant le séjour à Madagascar et Dépendances des immigrants d'origine asiatique et africaine et fixant à 100 francs le droit fixe payable par les commerçants asiatiques et africains et leurs employés.

Le Gouverneur Général de Madagascar et Dépendances, officier de la Légion d'honneur,

Vu les décrets des 11 décembre 1895 et 30 juillet 1897 ;

Vu le décret du 17 août 1923 réglementant à Madagascar la situation au point de vue commercial et fiscal des immigrants de race asiatique et africaine ;

Vu l'article 4 et le paragraphe 1er de l'article 8 de l'arrêté du 24 octobre 1923 pris en application du décret ci-dessus ;

Vu l'arrêté sur les patentes en date du 31 décembre 1924 ;

Vu l'avis formulé par les délégations économiques et financières ;

Le conseil d'administration entendu ;

Vu l'approbation ministérielle donnée par câblogramme n° 614 du 30 décembre 1924,

Arrête :

Art. 1er. — L'article 4 et le paragraphe 1er de l'article 8 de l'arrêté du 24 octobre 1923 susvisé sont modifiés de la façon suivante :

Art. 4. — Les immigrants asiatiques et africains autorisés à exercer un commerce, une industrie ou une profession seront astreints pour eux et pour chacun de leurs employés à un droit fixe de 100 francs et à un droit supplémentaire à la patente à laquelle ils sont assujettis.

Le droit supplémentaire à la patente est fixé comme suit :

Patentable de 1re et 2e classe....	1.600 francs
Patentable de 3e classe.........	1.200 —
Patentable de 4e et 5e classe......	750 —
Patentable de 6e classe.........	250 —

Le droit supplémentaire applicable aux patentes spéciales prévues aux articles 16, 17, 18, 19, 20, 22, 23, 24, 25. 26, 27, 28, 29, 30, 31, 34, 35, 36, 37, 38 et 39 de l'arrêté du 31 décembre 1924 est fixé comme suit :

Patente totale de 400 francs et au-dessus......................	1.600 francs
Patente totale de 125 à 400 francs.	1.200 —
Patente totale de 51 à 125 francs.	750 —
Au-dessous de 50 francs........	250 —

Art. 8. — Le droit fixe de 100 francs est toujours exigible intégralement pour l'année entière et quelle que soit l'époque d'arrivée dans la Colonie.

Art. 2. — MM. le procureur général, chef du service judiciaire, le directeur des finances et de la comptabilité, les chefs de province et de district sont chargés, chacun en ce qui le concerne, de l'exécution du présent arrêté qui entrera en vigueur à compter du 1er janvier 1925, sera inséré au *Journal Officiel* de la Colonie et publié ou communiqué partout où besoin sera.

Tananarive, le 31 décembre 1924.

M. OLIVIER.

ARRÊTÉ

créant dans la colonie de Madagascar et Dépendances des plaques de contrôle pour chiens

Le Gouverneur Général de Madagascar et Dépendances, officier de la Légion d'honneur,

Vu les décrets des 11 décembre 1895 et 30 juillet 1897 ;

Vu le décret du 30 décembre 1912 sur le régime financier des colonies ;

Vu les différents textes réglant à la Colonie la police de la circulation, ainsi que le mode et l'assiette des diverses contributions et taxes assimilées ;

Vu l'avis formulé par les Délégations économiques et financières ;

Le conseil d'administration entendu ;

Vu l'approbation ministérielle donnée par câblogramme n° 614 du 30 décembre 1924,

Arrête :

Art. 1er. — A partir du 1er janvier 1925 tous les chiens devront porter une plaque de contrôle en métal frappée par l'administration de la Colonie d'un poinçon spécial et comportant dans un cartouche la lettre du district et le millésime de l'année.

Toute contravention à cette obligation sera punie des peines de simple police sans préjudice du doublement du prix de la plaque qui serait encouru pour défaut ou inexactitude de déclaration.

Art. 2. — La plaque de contrôle sera fixée d'une façon apparente sur le collier qui devra être obligatoirement en cuir ou en métal.

Art. 3. — Les plaques de contrôle sont délivrées par les agents européens et indigènes chargés du recouvrement de la taxe sur les chiens (sauf au chef-lieu du district central, où la délivrance est effectuée par le chef du district ou son délégué), à tous les possesseurs de chiens inscrits sur les rôles dans les trois premiers mois de chaque année. Elles sont valables jusqu'au 1er avril de l'exercice suivant.

A la date du 1er avril, tous les chiens devront être munis de la plaque réglementaire portant la lettre du district et le millésime de l'exercice en cours.

Le prix de délivrance de la plaque est fixée à 1 franc. Une remise de 10 0/0 est accordée pour chaque plaque vendue.

Art. 4. — Le contribuable qui devient possesseur d'un chien passible de la taxe est tenu de se munir sans délai de la plaque de contrôle que comporte ce nouvel élément d'imposition.

Art. 5. — Les plaques de contrôle des chiens appartenant aux administrations militaires ou civiles ou possédés en conformité de règlements militaires ou administratifs, sont délivrées gratuitement par le directeur des finances et de la comptabilité, sur la demande et par l'intermédiaire du chef local de service dont font partie les militaires ou agents intéressés. Ces plaques sont marquées d'un signe distinct. Cette demande est renouvelable chaque année ; elle désigne les administrations ou les noms des fonctionnaires appelés à bénéficier de l'exemption de la taxe.

Art. 6. — Les chiens possédés par des personnes domiciliées à l'extérieur de la colonie de Madagascar et Dépendances sont admis à circuler sans plaque de contrôle.

Ces personnes doivent, à cet effet, demander au chef de la province du port de débarquement des permis de circulation qui leur sont délivrés moyennant le paiement de la taxe de 1 franc et dont elles doivent être porteurs pour en justifier à toute réquisition.

Art. 7. — *Comptabilité.* — Une fois confectionnées, les plaques de contrôle seront prises en charge pour leur valeur fiduciaire par les soins d'un agent des services civils en service à la direction des finances, désigné, à cet effet, par décision du Gouverneur Général.

Cet agent suivra la comptabilité de ces valeurs dans les conditions fixées par les articles 6 et 7 de l'arrêté du 28 novembre 1924 réglementant la comptabilité des diverses valeurs fiduciaires employées dans la Colonie.

Dans les districts, la comptabilité des plaques de contrôle sera tenue conformément aux prescriptions des articles 8 et 9 du même arrêté.

Art. 8. — La présente réglementation devra être étendue aux communes dans le délai de trois mois par arrêtés des administrateurs-maires qui fixeront le coût de la plaque après avis des commissions ou conseils municipaux.

Art. 9. — MM. le procureur général, chef du service judiciaire, le directeur des finances et de la comptabilité et les chefs de province sont chargés, chacun en ce qui le concerne, de l'exécution du préssent arrêté qui sera inséré au *Journal Officiel* de la Colonie et publié ou communiqué partout où besoin sera.

Tananarive, le 31 décembre 1924

M. OLIVIER.

ARRÊTÉ

créant dans la colonie de Madagascar et Dépendances des plaques de contrôle pour vélocipèdes

Le Gouverneur Général de Madagascar et Dépendances, officier de la Légion d'honneur,

Vu les décrets des 11 décembre 1895 et 30 juillet 1897 ;

Vu le décret du 30 décembre 1912 sur le régime financier des colonies ;

Vu les différents textes réglant dans la colonie de Madagascar et Dépendances, la police de la circulation ainsi que le mode et l'assiette des diverses contributions et taxes assimilées ;

Vu l'avis formulé par les Délégations économique et financières ;

Le conseil d'administration entendu ;

Vu l'approbation ministérielle donnée par câblogramme n° 614 du 30 décembre 1924,

Arrête :

Art. 1er. — A partir du 1er janvier 1925 tout vélocipède ou appareil analogue muni d'une machine motrice devra être pourvu, pour chaque place que comportera l'engin, d'une plaque de contrôle de métal frappée par l'administration de la Colonie d'un poinçon spécial et comportant dans un cartouche la lettre du district et le millésime de l'année.

Toute contravention à cette obligation sera punie des peines de simple police sans préjudice du doublement du prix de la plaque qui serait encouru pour défaut ou inexactitude de déclaration.

Art. 2. — Le port de la plaque de contrôle est réglementé de la façon suivante :

La plaque sera fixée par le possesseur du vélocipède, soit sur le tube de direction de manière à se présenter de face sur le devant de la machine, soit sur le tube diagonal du cadre reliant le pédalier au tube de direction, à l'endroit où il rejoint ce dernier.

Pour les vélocipèdes à plusieurs places, la première plaque sera fixée à l'un des deux endroits déterminés par le paragraphe précédent, les autres sur les tubes diagonaux du cadre qui supportent chacune des selles à partir de la deuxième.

Les plaques de vélocipèdes à moteur mécanique ayant plusieurs places seront fixées les unes au-dessus des autres, à l'un des deux endroits déterminés par le premier pargraphe.

Les plaques peuvent être apposées sur les machines, soit au moyen des lames d'attache métalliques délivrées en même temps que les plaques, soit par tout autre procédé. Elles doivent, dans tous les cas, être entièrement visibles.

Art. 3. — Les plaques de contrôle sont délivrées par les agents européens et indigènes chargés du recouvrement de la taxe sur les véhicules (sauf dans le district central où la délivrance est effectuée par le chef du district ou son délégué) à tous les possesseurs de vélocipèdes inscrits sur les rôles, dans les trois premiers mois de chaque année. Elles sont valables jusqu'au 1er avril de l'exercice suivant.

A dater du 1er avril, tous les vélocipèdes doivent être munis de la plaque réglementaire portant la lettre du district et le millésime de l'exercice en cours.

Le prix de délivrance de la plaque est fixé à 2 francs. Une remise de 10 0/0 est accordée pour chaque plaque vendue.

Art. 4. — Le contribuable qui devient possesseur d'un vélocipède passible de la taxe est tenu de se munir, sans délai, de la plaque de contrôle que comporte ce nouvel élément d'imposition.

Art. 5. — Les plaques de contrôle des vélocipèdes appartenant aux administrations militaires ou civiles ou possédés en conformité de règlements militaires ou administratifs, sont délivrées gratuitement par le directeur des finances et de la comptabilité, sur la demande et par l'intermédiaire du chef local du service dont font partie les militaires ou agents intéressés. Ces plaques sont marquées d'un signe distinct. Cette demande est renouvelée chaque année ; elle désigne les administrations ou les noms des fonctionnaires appelés à bénéficier de l'exemption de la taxe.

Art. 6. — Les vélocipèdes possédés par des personnes domiciliées à l'extérieur de la colonie de Madagascar et Dépendances sont admis à circuler sans plaque de contrôle.

Ces personnes doivent, à cet effet, demander au chef de la province du port de débarquement des permis de circulation qui leur sont délivrés moyennant le paiement de la taxe de 2 francs et dont elles doivent être porteurs pour en justifier à toute réquisition.

Art. 7. — *Comptabilité.* — Une fois confectionnées les plaques de contrôle seront prises en charge, pour leur valeur fiduciaire, par les soins d'un agent des services civils, en service à la direction des finances, désigné à cet effet par décision du Gouverneur Général.

Cet agent suivra la comptabilité de ces valeurs dans les conditions fixées par les articles 6 et 7 de l'arrêté du 28 novembre 1924 réglementant la comptabilité des diverses valeurs fiduciaires employées dans la Colonie.

Dans les districts, la comptablité des plaques de contrôle sera tenue conformément aux prescriptions des articles 8 et 9 du même arrêté.

Art. 8. — MM. le procureur général, chef du service judiciaire, le directeur des finances et de la comptabilité et les chefs de province sont chargés, chacun en ce qui le concerne, de l'exécution du présent arrêté qui sera inséré au *Journal Officiel* de la Colonie et publié ou communiqué partout où besoin sera.

Tananarive, le 31 décembre 1924.

M. OLIVIER.

ARRÊTÉ

majorant de cinq centimes (0 fr. 05) par unité de perception le droit de statistique sur les animaux vivants ou abattus et les marchandises à l'entrée et à la sortie

---

Le Gouverneur Général de Madagascar et Dépendances, officier de la Légion d'honneur,

Vu les décrets des 11 décembre 1895 et 30 juillet 1897 ;

Vu l'arrêté du 23 janvier 1919 établissant un droit de statistique de vingt centimes sur les animaux vivants ou abattus et sur les marchandises à l'entrée et à la sortie ;

Vu l'article 1er de la loi du 25 août 1919 qui a crée dans la Métropole sous le titre « taxe pour le dévelopepment du commerce extérieur », une taxe de cinq centimes sur chaque unité de perception soumise au droit de statistique, taxe qui est recouvrée dans les mêmes conditions que le droit de statistique et cumulativement avec ce droit ;

Vu l'arrêté du 20 août 1921 majorant de cinq centimes par unité de perception le droit de statistique sur les animaux vivants ou abattus et sur les marchandises à l'entrée et à la sortie ;

Vu l'article 10 de la loi de finances du 30 avril 1921 qui a porté dans la Métropole de cinq (0 fr. 05) à dix centimes (0 fr. 10) le taux de la taxe pour le développement du commerce extérieur créé par la loi du 25 août 1919 ;

Vu l'arrêté du 8 janvier 1923 majorant de cinq centimes par unité de perception le droit de statistique sur les animaux vivants ou abattus et sur les marchandises à l'entré et à la sortie ;

Vu l'article 30 de la loi de finances du 30 juin 1923 qui a porté dans la Métropole de dix (0 fr. 10) à quinze centimes (0 fr. 15) le taux de la taxe pour le développement du commerce extérieur crée par la loi du 25 août 1919 ;

Considérant qu'en fait le droit de statistique est aujourd'hui dans la Métropole de trente-cinq cenxtimes (0 fr. 35) par unité de perception ;

Considérant q'il y a lieu de mettre le taux du droit de statisque existant à Madagascar en concordance avec le taux du méme droit perçu dans la Métropole ;

Vu l'avis formulé par les délégations économiques et financières ;

Le conseil d'administration entendu ;

Vu l'approbation ministérielle donnée par le câblogramme N° 614 du 30 décembre 1924,

Arrête :

ART. 1er. — Le taux de droit de statistique de trente centimes fixé par arrêté du 8 janvier 1923 sur les animaux vivants ou abattus et sur les marchandises à l'entrée et à la sortie est porté à trente-cinq centimes (0 fr.35) par unité de perception.

ART. 2. — MM. le directeur des finanees et de la comptabilité et le directeur des douanes sont chargés, chacun en ce qui le concerne, de l'exécution du présent arrêté qui, par exception aux dispositions des arrêtés des 1er juin 1911, 27 décembre 1913 et 11 décembre 1914, qui ont fixé les délais d'exécution des lois, décrets et arrêtés, entrera en vigueur le surlendemain du jour de son affichage aux lieux accoutumés.

Tananarive, le 31 décembre 1924.

M. OLIVIER.

ARRÊTÉ

fixant les taxes d'abatage à percevoir dans la Colonie

Le Gouverneur Général de Madagascar et Dépendances, officier de la Légion d'honneur,

Vu les décrets des 11 décembre 1895 et 30 juillet 1897;

Vu le décret du 30 décembre 1912 sur le régime financier des colonies;

Vu la loi du 25 juillet 1912 déclarant les îles d'Anjouan, de Mohéli et de la Grande Comore colonies françaises et les rattachant avec celle de Mayotte au gouvernement général de Madagascar;

Vu le décret du 23 février 1914 portant règlement d'administration publique pour l'exécution de la dite loi;

Vu l'arrêté du 27 novembre 1920 modifié par les arrêtés des 7 août 1921 et 11 mai 1922 fixant les droits d'abatage à percevoir dans la Colonie;

Vu l'arrêté du 31 janvier 1921 accordant des remises aux agents percepteurs indigènes sur le produit de la taxe d'abatage et de la taxe sur les porcins, ovins et caprins;

Sur la proposition du directeur des finances et de la comptabilité;

Vu l'avis émis par les Délégations économiques et financières;

Le conseil d'administration entendu;

Vu l'approbation ministérielle donnée par cablogramme n° 614 du 30 décembre 1924,

Arrête :

TITRE I

Tarifs des taxes et surtaxes

ART. 1er. — *Taxes dues par les particuliers.* — Le paiement des taxes d'abatage afférentes aux animaux des espèces énumérées ci-dessous doit être obligatoirement effectué, *préalablement à tout abatage*, par le propriétaire ou possesseur des dits animaux et conformément aux tarifs suivants, sauf exceptions prévues aux articles 2, 3, 4 et 5 du présent texte :

Bovins	5 fr. »	par tête
Porcins	5 »	—
Ovins et caprins	0 50	—

ART. 2. — *Taxes dues dans les communes.* — Les taxes d'abatage perçues dans les agglomérations municipales sont régies par des règlements spéciaux dans chaque commune. Ces taxes sont encaissées au compte du budget communal.

ART. 3. — *Taxes dues par les usines.* — Les usines de conserves et de viande congelée, même si elles fonctionnent dans des communes, bénéficieront, à titre temporaire et révocable, du tarif réduit ci-après :

Bovins	3 fr. »	par tête
Porcins	3 »	—
Caprins et ovins	0 25	—

Ces taxes sont perçues au profit du budget local sans préjudice des taxes supplémentaires qui pourraient être instituées pour ces établissements au profit des budgets communaux.

Le Gouverneur Général pourra, en tout temps, et par la voie d'un arrêté exécutoire six mois après sa publication au *Journal Officiel* de la Colonie, soumettre ces usines aux tarifs de droit commun fixés à l'article 1er.

ART. 4. — *Exonération de taxe.* — Le Gouverneur Général et les chefs de circonscription ou les administrateurs-maires, sous réserve de l'approbation du chef de la Colonie, pourront accorder, à l'occasion des fêtes publiques, l'exonération de la taxe d'abatage sur les porcins.

Surtaxe. — Aucune exonération ne sera, par contre, accordée pour les animaux abattus à l'occasion de cérémonies familiales ou cultuelles. Les demandes d'abatage seront personnelles et adressées aux chefs de district ou de poste administratif. Les bœufs pour lesquels l'autorisation aura été donnée seront frappés, pour chacun des animaux en sus des trois premiers, d'une surtaxe de 10 francs qui viendra s'ajouter à la taxe normale et donnera lieu à la délivrance d'un récépissé spécial détaché d'un registre à souches. Le Gouverneur Général pourra, sur la proposition des chefs de circonscription intéressés, suspendre l'application de cette mesure.

ART. 5. — Les animaux morts par suite d'accident ou de maladie ne seront pas soumis à la taxe.

Les propriétaires devront à cette occasion, et si la dépouille ne présente aucun danger pour l'hygiène, se faire délivrer, par l'autorité indigène de la localité la plus rapprochée, un certificat visé par deux notables indigènes, qui devra être échangé par le vendeur ou l'acheteur, dans le délai de trente jours, contre un ticket gratuit délivré par le chef de district.

Au cas où cette formalité n'aurait pas été remplie ou en cas de fausse déclaration, le paiement de la taxe sera exigé.

Le chef de district surveillera les abus possibles.

TITRE II

Mode de perception des taxes

ART. 6. — *Taxes perçues sur les particuliers.* — Chaque perception donnera lieu, en ce qui concerne les particuliers, à la délivrance immédiate d'une quittance à souche à valeur fixe dénommée ticket d'abatage. Les tickets seront de couleur différente suivant la catégorie d'animaux auxquels ils se rapporteront.

Les perceptions seront effectuées par les oins des chefs de canton et mpiadidy, sous le contrôle des chefs de district et de poste administratif.

Avant de délivrer les tickets, les agents percepteurs y inscriront leur nom et la date de délivrance. Les tickets ne devront porter ni rature ni surcharge ; en cas d'erreur dans les annotations manuscrites, le ticket sera rattaché à sa souche pour annulation ultérieure par le chef de district. Tout ticket surchargé ou raturé sera sans valeur et ne pourra être mis en circulation. La comptabilité des tickets tiendra un compte spécial de ceux qui auront été annulés.

ART. 7. — *Taxe des usines.* — Dans les usines, les taxes seront liquidées mensuellement sur états certifiés par l'agent de contrôle et perçues sur ordres de recette.

TITRE III

Délivrance des certificats globaux

ART. 8. — *Délivrance aux exportateurs et marchands en gros.* — Les chefs de district ou de poste administratif pourront délivrer, sur leur demande, aux exportateurs et aux marchands en gros, en échange des tickets unitaires et après vérification de leur régularité, des certificats globaux d'un modèle unique, annexé au présent arrêté (modèle n° 1) et correspondant chacun à 25 tickets unitaires. Les tickets remis en échange des certificats globaux seront brûlés, chaque mois, par une commission nommée par le chef de la province, qui comprendra en principe le chef du district ou de poste administratif et deux membres européens ou à défaut indigènes. Elle dressera procès-verbal de l'incinération des tickets, en mentionnant les numéros, la date et l'origine des tickets incinérés. Copie du procès-verbal d'incinération sera adressée pour leurs archives aux divers chefs des districts d'origine des tickets.

Délivrance aux usiniers. — Sur la demande des directeurs d'usine et sur le vu du récépissé du trésor constatant les versements, les chefs de district ou de poste administratif leur feront délivrer un nombre correspondant de tichets d'abatage spéciaux qui pourront être échangés, après visa du récépissé, contre des certificats globaux dans les mêmes conditions que ci-dessus. Ces pièces serviront de justification du paiement des taxes lors de la sortie des peaux de l'usine, en cours de transport jusqu'aux tanneries ou au port d'embarquement.

Délivrance aux tanneurs. — Dans les tanneries, en vue d'éviter de détériorer en les comptant les cuirs en fosse et d'éviter de ce fait un contrôle inopportun, il sera tenu un livre des peaux entrées et sorties du modèle n° 2 annexé au présent texte, coté et paraphé par le chef de la province ou son délégué.

Ce registre sera vérifié, au moins une fois par mois, par les autorités françaises : chef de district ou de poste administratif.

Sur la demande des intéressés, et en ce qui concerne les peaux destinées à l'exportation directe seulement, il pourra leur être délivré par le chef du district ou de poste administratif de la situation de la tannerie et dans les mêmes conditions que celles énumérées au paragraphe précédent, des certificats globaux valant respectivement 25 tickets en échange des tickets unitaires lesquels seront détruits par les commissions prévues ci-dessus. Les tickets unitaires correspondant à des peaux tannées livrées à la consommation intérieure seront remis mensuellement, en vue de leur destruction, au chef du district de la situation de la tannerie.

TITRE IV

Detention, circulation et exportation des peaux

ART. 9. — *Détention des peaux.* — Tout détenteur de peaux destinées à être préparées, qu'il soit simple particulier, tanneur, usinier, marchand ou exportateur, doit justifier de la possession de tickets unitaires ou de certificats globaux d'un nombre correspondant.

Par suite, tout propriétaire de peaux qui désire en effectuer la vente est tenu de remettre à l'acheteur les tickets ou certificats globaux qui s'y rapportent.

ART. 10. — *Circulation des peaux.* — Les peaux en cours de transport, de l'acheteur chez le vendeur, ou dirigées sur les tanneries ou envoyées par les usiniers, marchands ou exportateurs au port d'embarquement, doivent en principe être accompagnées des tickets unitaires ou des certificats globaux. Toutefois, les porteurs de peaux ne pourront être arrêtés en cours de route que s'ils se trouvent dans l'impossibilité de justifier de leur identité et indiquer le nom de la personne chez qui la peau est transportée.

Dans les ports, les tickets unitaires ou certificats globaux en tenant lieu correspondant aux peaux seront remis au receveur des douanes ; après vérification, ce fonctionnaire renverra à l'autorité administrative locale, quand il s'agira de peaux destinées à l'exportation directe, soit les tickets unitaires, soit les certificats globaux en tenant lieu, après avoir apposé sur ces derniers la mention « annulé » qui devra être datée et signée par lui. Toutes ces pièces seront alors détruites dans les conditions indiquées à l'article 8.

Quand, au contraire, les peaux transiteront simplement par le port d'embarquement pour être expédiées sur un autre port de la Colonie, les tickets ou certificats globaux seront, après vérification et annotation datée et signée du receveur des douanes, remis par ce fonctionnaire à l'expéditeur à qui il appartiendra de les faire suivre à son correspondant en vue de l'exportation éventuelle des peaux ou de toute autre destination.

TITRE V

Pénalités

Art. 11. — *Abatage sans paiement préalable de la taxe.* — Dans le cas d'abatage dûment constaté d'un animal sans acquittement préalable de la taxe, le détenteur de l'animal sera passible du paiement de la triple taxe.

Dans le cas visé par l'article 4, § 2, l'intéressé sera frappé, pour chaque animal abattu sans autorisation, d'une amende fiscale égale au triple de la surtaxe de 10 francs.

Art. 12. — *Détention de peaux non accompagnées de tickets ou certificats globaux.* — En cas d'infraction aux prescriptions des articles 9 et 10 ci-dessus, concernant la détention de peaux non accompagnées des tickets unitaires ou des certificats globaux, les destinataires (transitaires ou exportateurs) de ces peaux seront passibles du paiement de la simple taxe.

Art. 13 — *Autorités prononçant les pénalités.* — Les pénalités dont il est question ci-dessus ne pourront être infligées que par les chefs de district saisis de la fraude, sauf recours des intéressés auprès du chef de la province.

Art. 14. — *Consommation des peaux.* — Il est formellement interdit, sous peine des peines de police prévues aux articles 471, § 15, et 474 (récidive) du code pénal, de consommer les peaux.

Art. 15. — *Non présentation des tickets ou certificats globaux.* — Les tickets ou certificats doivent être présentés à toute réquisition des administrateurs, des fonctionnaires européens de la garde indigène, des fonctionnaires européens de la police administrative et judiciaire, des chefs de district, de poste administratif et de surveillance.

Tout refus d'exhibition des tickets ou certificats globaux ou toute fausse déclaration seront constatés par procès-verbal et punis, selon le cas, des peines prévues aux articles 471 et 474 du code pénal.

Art. 16. — *Perception des pénalités administratives.* — Les triples taxes ne seront perçues que par les chefs de district. Elles donnent lieu à la délivrance de tickets spéciaux portant la mention « triple taxe ».

TITRE VI

Remises

Art. 17. — *Remises.* — Les agents percepteurs indigènes auront droit à une remise de 6 0/0 sur les taxes qu'ils auront recouvrées.

Cette remise sera acquise aux agents qui auront réellement effectué les recettes et ne donneront pas lieu à répartition.

TITRE VII

Abrogation des mesures antérieures. Dispositions transitoires

Art. 18. — Par la présente réglementation qui est applicable à la province de Mayotte et Dépendances, sont abrogées toutes dispositions antérieures contraires au présent arrêté et notamment celles de l'arrêté du 27 novembre 1920 modifié par l'arrêté du 7 août 1921.

Art. 19. — MM. le directeur des finances et de la comptabilité, les chefs de province et de district autonome sont chargés, chacun en ce qui le concerne, de l'exécution du présent arrêté qui sera inséré au *Journal Officiel* de la Colonie et publié ou communiqué partout où besoin sera.

Tananarive, le 31 décembre 1924.

M. OLIVIER.

Arrêté du 31 décembre 1924

Article 8

Province de

District de

Carnet n°

Certificat global n°

Correspondant à 25 tickets unitaires

Remis à M.

Le

en échange des 25 tickets unitaires concernant des peaux destinées à être exportées.

Le chef de district de

PROVINCE

de

DISTRICT

de

Carnet n°

CERTIFICAT GLOBAL

N°

Arrêté du 31 décembre 1924

Article 8

Modèle N° 1

Je soussigné, chef du district de certifie avoir remis le présent certificat à M. demeurant à en échange de 25 tickets unitaires d'abatage concernant des peaux destinées à être exportées en vue d'être produit au receveur des douanes du port d'exportation.

Fait à , le 192

Le chef du district de

PROVINCE
de

DISTRICT
de

Arrêté du 31 décembre 1924 sur la taxe d'abatage
Article 8, § 3

MODÈLE N° 2

LIVRE DES ENTRÉES ET SORTIES

destiné à la tannerie de

Le présent livre des entrées et sorties, comprenant feuillets, a été coté et paraphé par nous chef de la province de

A , le 192

Le Chef de la province,

Feuillet N°

ENTRÉES					SORTIES			
DATE de L'ENTRÉE	NOMBRE des PEAUX	ORIGINE des PEAUX	NUMÉROS des TICKETS	OBSERVATIONS	DATE DE LA SORTIE	NOMBRE des peaux SORTIES	DESTINATION des PEAUX	OBSERVATIONS

www.ingramcontent.com/pod-product-compliance
Lightning Source LLC
LaVergne TN
LVHW020305230826
846091LV00006B/2545
* 9 7 8 2 3 2 9 0 8 5 7 3 9 *